附

辨識出自己的依附風格，
了解自己需要的是什麼，
與他人建立更美好的關係

Attached: The New Science of Adult Attachment and
How It Can Help You Find—and Keep—Love

阿米爾・樂維
（Amir Levine, M.D.）

瑞秋・赫勒
（Rachel S.F. Heller, M.A.）

著

目次

關於安全感：一本解答你所有「為什麼」的書！

心理學作家　海苔熊

「這世界上已經不缺一本關於依附理論的書了。」一開始收到推薦的邀約，我內心的OS本來是這個。直到我看完了這本書，才發現這個先入為主的印象是錯的。如果你跟我一樣，並非第一次看到「依附」（attachment）這個詞，可能會猜這本書又要從恆河猴講到陌生人情境，然後再講到父母對待你的方式會影響到你的戀愛關係等等——沒錯，這些這本書當中大多都有提到，但更棒的是它還談到更深入的其他主題。例如：

1. 怎麼判別伴侶的依附風格？
2. 為什麼焦慮的人和逃避的人會在一起？
3. 依附風格可以改變嗎？
4. 如果不能改變我該怎麼辦？
5. 為什麼我想照書上說的做，但辦不到？

為什麼焦慮依附和逃避依附會在一起

以第二個問題來說，許多不同的專家眾說紛紜，我過去自己比較認同的說法是：**「因為他們在彼此的身上，看到了自己不敢夢的那種勇敢。焦慮依附會想，為什麼有一個人可以這麼瀟灑，如此不在意別人喜歡或者是不喜歡他；逃避依附會想，為什麼有人這麼勇敢，願意冒著終究有一天會失去的風險，仍然奮不顧身地去抓住一個人？兩個人相當不同，卻因為這個不同，而互相崇拜吸引；當然，也開啟了後續的許多爭執和痛苦。」**

不過，這本書提供了另外一個我覺得非常有趣的觀點——這兩個人會在一起，是因為某種程度上，對方驗證了自己內心的假設。對逃避依附者來說，之所以會跟焦慮依附在一起是源自於「防衛的自我認知」（defensive self-perception），因為他們原先就不喜歡伴侶太靠近自己，當伴侶做出這樣的事情時，他們一方面會覺得被淹沒，另外一方面又會覺得：「你看吧，我就說吧，只要進入感情總有一天會被淹沒！」所以他們努力把對方推開，一方面證明自己和對方比起來是「夠獨立、不需要依靠別人」的人，另外一方面又可以指著對方責罵他缺乏安全感，把焦點放在對方的過度黏膩身上，好遺忘自己身上的問題。

焦慮依附者也是走類似的路徑，不過細節上有所不同。焦慮依附的人經常會問我一個問題：「為什麼我每次都說再也不要跟逃避依附的人在一起了，但每次都還是遇到他們呢？」我都不知道該怎麼回答，然而，作者用兩個觀點解釋了這個問題——

1. 一般來說，逃避依附者的戀情比較短，並且很快就會尋覓下一個對象，如果用這個角度來看的話，擇偶市場上面單身的人之中，逃避依附比較多，你遇到的機率比較大。

2. 如果你是焦慮依附，想像你遇到一個安全依附的人，和一個逃避依附的人，你會被誰吸引呢？前者聽起來好像很不錯，可能很多時候相處起來風平浪靜，但同樣地不論你怎麼抓狂或者是情緒起伏，對方都不會有太多的閃躲反應，這跟你以前「經歷過」的感覺有點不一樣，所以你會不習慣。相較之下，如果跟逃避依附在一起就不是這麼一回事了，他會和你一起演出你所習慣的劇本（你追他跑），做出那些「讓你懷疑是不是他不愛你了」的行為，你「才能夠」有各種擔心、各種查勤，每天活在緊張和刺激當中，甚至有些人還會誤以為，這才是愛。

說穿了，這兩種人明明不想在一起卻又在一起，只有兩個原因：習慣和犯賤。他們都習慣了過往被不當對待的方式、習慣了他們自己腦袋當中的劇本，然後一方面愛得很辛苦，另外一方面又因為對方的表現符合劇本，心中出現「你看吧！我就知道！」的感覺，光是這種感覺，就會帶來一小部分的爽，這個我把它叫做犯賤。

逃避的人其實只是壓抑感受

（目前）身為一個逃避依附，這幾年來有一件事情漸漸清晰：我好像看起來漫不在乎、怎麼樣都無所謂，但心裡面有一部分我其實是恐懼而且害怕失去的，所以當我有這些感受的時候，就會閉起眼睛不去看他，或者是出現一些緊張的反應、身體的緊繃等等。

作者引用了一個實驗來證明「逃避依附的人也是**感覺得到的**」，例如讓他們對一些螢幕上面呈現的字詞做出反應的時候，他們對於「需要」、「糾纏」等等字詞反應比較快，但對於「失去」、「分手」等反應比較慢。一般來說我們會對於比較熟悉的東西反應快，可見他們注意力都是放在對方給的「壓力」之下，並且逃避去思考有關於分開的事情。換句話說，逃避的人內心的OS可能是：「**其實我也是害怕分開的，但我不想要表現出我的害怕，所以我把注意力放在你的『太黏』身上。只要把矛頭指向你，就可以忘記我自己的恐懼。**」（這個實驗的第二個研究更揪心，有興趣可以看這本書裡面的描述。）

這些我都知道，但我就是做不到

這本和其他書一樣，都會在指出你的「病情」之後，告訴你一些SOP該怎麼做，以及舉出真實的案例，告訴你他們就是這樣成功的。但不一樣的是，書中還提到了很多你在執行時內心遇到的「為什麼」、種種「真的嗎？」的懷疑、沒有辦法成功的原因等等，甚至告訴你，你之所以已經下定決心要改變了，但還是很快就會重蹈覆轍，是因為對方的回應也影響了你。

從這個觀點看來，我覺得這本書很務實，不會一直在打高空，只是列舉出幾個要點告訴你說：「做到這些就好了噢，你就變安全了噢！」而會告訴你關係是需要「互動」出來的，只有你一個人努力改變，大概效果也很有限。倘若你就是書裡面談到的這種「一廂情願」的案例，那麼作者也花了一個章節的篇幅，和你討論是否該放下這段關係。然後如同作者一直以來的習慣，也會告訴你放下的做法、你真正去實行的時候會遇到的困難，為什麼你看了書之後仍然無法放下等等。

總而言之，對於剛接觸依附理論的人來說，這本書可以從頭告訴你一些其他的書也會告訴你的事；但對於已經對這個理論有所了解的人來說，這本書在許多觀點和後續的討論上，仍然會讓你有耳目一新的感覺。用一句話簡單來形容的話，就是一個吃了「誠實豆沙包」的作者，幾乎把你想到的所有的問題和可能，都在裡面仔細交代了，而且他給的答案並不只是心靈上的安慰，還有許多是用研究來支持的，具有知識性的結果——儘管有些結果知道之後並不會比較開心，但你可能會更懂自己。

標籤底下的你：願不願意和過去做不一樣的事？

事實上，就算是兩個焦慮依附的人，也是兩個完全不一樣的人，所以不論你在這本書裡面獲得了多少測驗或者是多少標籤，那些都只是虛名而已（一個佛系的概念）。真正重要的並不是你獲得了什麼標籤，而是書中有些句子說中你的時候，內心的感覺是什麼？以及，你會想要為自己、為這段關係多做點（甚至是不再多做）什麼？這個改變並不容易，過往的習慣就像是困住你的腳鐐，讓你一方面覺得這樣的感覺讓自己和對方都很痛苦，另外一方面又放不下原先已經適應的舊有模式。

是啊，這的確非常非常難，但也因為如此困難，每一次你舉步維艱，在眼淚裡面往前，都是在面對自己的恐懼，實踐真正的勇敢。

緒論／成人依附模式的新科學

第一章／戀愛行為解密

案例一：才剛交往兩個星期而已，我已經把自己搞得身心俱疲。我每天神經兮兮盯著手機，看看他有沒有打電話過來，總是擔心他覺得我不夠有魅力。其實，我心知肚明，自己又被自卑與不安的情緒綁架了。除此之外，我還悲觀地預期，這段感情最終不會開花結果。我知道，自己正在摧毀這段感情存活的機會！

案例二：到底是哪出了問題？我不僅頭腦聰明、相貌英俊，還是個事業有成的男人。依我的條件，能給女人的難道還會少嗎？問題是，我雖然跟幾個很棒的女孩子交往過，但是沒過幾週，我就對她們興趣盡失，還覺得自己成了感情的奴隸，沒有一次例外。找個適合的人，應該沒有這麼困難吧？

案例三：雖然，我有一位結縭多年的丈夫，我卻覺得十分孤獨。他從未對我敞開心胸，我們不僅無法談心，也無法好好討論這段關係中的問題。這樣的情況越來越糟糕，似乎已到了無法收拾的地步。他平日幾乎都加班到很晚，週末不是跟朋友去上高爾夫球課，就是整天窩在家裡盯著體育節目。我覺得，這段婚姻已經走不下去了，或許，我一個人還比較好一點。

上述每個案例都透露當事人痛苦無助的心情，也觸及了他們的內心深處。但是，現在卻缺乏一個合理的解釋，能夠讓所有人心服口服，也缺乏適用所有狀況的解決辦法。畢竟感情問題因人而異，極為私密，每一種問題的背後，可能都有無數的根源。想要深入一個人的感情世界，就得徹底了解這個人身邊的人事物，包含當事人的經歷、感情史、個性，而且心理治療師需要了解的遠遠不只如此。我們這些心理臨床醫師，就是受到這樣的教導，也對此深信不疑。直到有一天，我們發現了一種理論，能夠直白又清楚地解釋以上三個案例的根本原因。本書即是說明我們發現這套理論的緣由，與理論所帶來的變化。

有愛就夠了嗎？

好些年前，我們的好姐妹塔瑪拉有了一個新對象。

我跟葛列格是在朋友的派對認識的，他的相貌英俊到令人不敢置信，看著我的眼神也充滿了讚賞之意。幾天後，我們與朋友共進晚餐，他凝視我時，眼中閃爍與奮之情，我根本無法抗拒，他所說的每一字每一句都讓人著迷，隱隱約約流露出想跟我交往的意思，讓我覺得以後絕不會再孤單寂寞了。他會說：「塔瑪拉，妳不用自己一個人待在家裡，可以帶工作到我這裡做。」或是，「妳隨時可以打電話給我。」這些承諾給了我安全感，彷彿我終於找到了歸宿，不用一個人獨自在這世上踽踽獨行。但是，如果我當時稍微留意一下，應該就可以輕易發現不太對勁的線索，其實葛列格釋放了很清楚明瞭的訊息：他害怕跟我太過親近，也不太願意做出長久的承諾。有好幾次，他提到自己過去的戀情都不穩定，不知為何，他總是很快厭倦女友，覺得自己需要往前邁進。

我能隱約感覺到這些地方可能會出問題，但是當時被愛沖昏頭的我，根本不知道該如何解讀這些暗示。我只能遵循那句大家從小聽到大的「至理名言」：愛情可以克服一切困難。就這樣，我讓愛情戰勝了理智。對我來說，跟葛列格在一起才是最重要的事。與此同時，他的一舉一動都顯示他無法投入穩定的長期關係。我對這些警訊置之不理，一心一意認為自己就是那個適合他的人，絕不會步上那些「前女友們」的老路。事實證明，我錯了。當我們越來越親密，他就傳遞出越來越矛盾的訊息，這段關係也開始惡化，他開始推託說他太忙了，所以我們晚上無法見面，有時候會說他整個禮拜都忙翻了，問我可不可以週末見面就好。我嘴上不說，心裡卻有不祥的預感，我們的感情一定出問題了，但到底是什麼問題呢？

從那時開始，我無時無刻不充滿焦慮。我執著地想要知道他每個動向，對他每種行為都非常敏感，深怕他流露任何想分手的蛛絲馬跡。一方面，葛列格的行為舉止明顯表露他對這段關係的厭煩，卻又同時流露出對我的關心，向我賠不是，讓我覺得好像還沒有糟到要分手的地步。

隨著時間流逝，我們的感情不斷起起伏伏，讓我越來越不勝負荷。最後，我的情緒徹底崩潰，完全不知道該怎麼辦才好。儘管理智告訴我，應該約朋友出門走走，但是我深怕錯過他的電話，所以根本不敢這麼做。此外，我對周遭事物失去興趣，就算是以前熱衷的事情也一樣。沒過多久，這段感情終於承受不住壓力，只能黯然地劃上休止符。

身為朋友，一開始我們都很開心塔瑪拉遇見讓她怦然心動的對象。然而，隨著他倆的關係逐漸發展，我們卻越來越擔心塔瑪拉。她過分在意葛列格的一舉一動，整個人變得焦躁不安，也沒有安全感。大部分的時間，她都在等葛列格的電話，連跟好朋友待在一起時，也沒辦法完全放鬆心情，因為她整副心思都放在葛列格身上，十分憂慮兩人的感情。接著，她的工作表現也出了問題，塔瑪拉自己就不只一次擔心可能會丟掉飯碗。我們過去一直認為，塔瑪拉是個獨立、適應力強的女性，現在我們卻不禁懷疑過去是否高估了她的堅強。雖然塔瑪拉可以一一列舉葛列格那些無疾而終的戀情，指出他的態度捉摸不定，甚至體認到如果沒有跟葛列格交往，她應該會比較快樂，但是她卻始終無法鼓起勇氣離開葛列格。

塔瑪拉是一位極富歷練又聰明的女性，竟然為了葛列格行為脫序，性情大變，這讓我們這些經驗豐富的心理學家也大感費解，難以接受這樣的反差。為什麼這樣一位成功女性會表現出如此無助的窘態？她能從容面對生活中大部分的挑戰，為什麼遇到葛列格就如此綁手綁腳？另一位當事人也同樣讓人困惑不已，明明葛列格顯然愛著塔瑪拉，為什麼他做出如此矛盾的行為，對塔瑪拉若即若離？這些問題可以用許多複雜的心理學加以解釋，但是真正的答案其實簡單又明瞭，而且來自一套出人意料的理論。

從兒童治療中心，到實用的成人感情科學

塔瑪拉與葛列格談戀愛的時候，本書作者之一樂維正於哥倫比亞大學兒童治療中心

兼職。他採用依附理論當作治療的基礎，幫助母親與孩子建立安全信賴關係。這種治療方式大幅改善了親子關係，成果鼓舞了樂維，促使他針對依附理論進行更加深入的研究。最後，他確實有了令人驚奇的發現。樂維首先參考前人的研究，這份研究來自辛蒂・哈珊（Cindy Hazan）以及菲利浦・謝佛（Phillip Shaver），指出戀人間的依附關係與親子依附關係極為相似。樂維進一步研究成人依附模式，發現這些敘述可以套用在周遭親友在愛情中的行為表現。他了解到，這項發現可以應用於日常生活中，幫助很多人改善感情狀況。

樂維一發現依附理論能夠深入解釋成人感情關係，就馬上打電話給赫勒。樂維向她說明，依附理論成功地解釋成人在戀愛中的各種行為，希望赫勒可以幫忙，把學術研究和科學數據轉化為實際的指導方針與建議，讓人們能利用依附理論改變生活，這本書就是兩人最終的成果。

安全型、焦慮型、逃避型

依附理論（attachment theory）提出三種主要的「依附風格」（attachment styles），或者說三種面對感情的態度，換言之，就是一個人如何處理親密關係，以及他與戀人的互動方式。成人依附跟孩子的依附風格相同，都有安全型、焦慮型、逃避型三種。基本上，安全型人士通常給人溫暖與親切的感覺，在戀愛中能自在地享受親密關係；焦慮型人士雖然十分渴望親密關係，卻總是疑神疑鬼，或是放太多心思在感情上，擔心伴侶總有一天會離他們而去；逃避型人士則會逃避親密關係，因為他們認為親密關係讓人失去自我，所以總是避免跟情人太過親密。這幾種依附風格的人，主要有以下差別：

- ♥對親密關係與陪伴的看法不同
- ♥處理衝突的方式不同
- ♥對性的態度不同
- ♥溝通自身想法與需求的能力不同
- ♥對於情人與感情的期待不同

無論是情竇初開的少男少女，還是已結縭多年的老夫老妻，每個人都有自己的依附風格。除此之外，也有少部分人屬於焦慮型與逃避型的混合類型，稱為焦慮逃避型。根據統計，超過50％的人屬於安全型，25％的人屬於焦慮型，25％的人屬於逃避型，剩下3％至5％的人屬於焦慮逃避型這個較不常見的類別。

至今，已有數百份研究成人依附風格的科學期刊與書籍，嚴謹地勾勒出成年人在親密關係中的行為。這些研究無數次證實成人依附風格的存在，遍布不同國家與文化。

了解依附風格，能夠釐清、預測人們在感情關係中的各式行為，這種方法不僅簡單，而且相當可靠。事實上，根據依附理論，我們在戀愛中的一言一行，早已由依附風格所決定。

依附風格從哪來？

最初，學者認為，依附風格可能是受到幼時的成長環境所影響。也就是說，你在幼兒時期所受的照顧，會決定你日後的依附類型。如果父母對於孩子的情緒反應夠敏感，明白孩子對愛的需求，並且給予適當的回應，孩子就會發展出安全型的依附風格；如果父母對孩子忽冷忽熱，孩子可能就會發展出焦慮型依附風格；一旦父母忽視孩子，不聞不問，孩子可能就會變成逃避型依附風格。時至今日，研究結果告訴我們，成人依附風格的形成有多種影響因素，小時候的成長環境只是其中之一，我們的基因與過往的生活經驗也都會造成影響。詳見本書第七章。

塔瑪拉與葛列格：全新的觀察角度

現在，我們可以從一個全新的角度，來回顧塔瑪拉的故事。運用依附理論，我們馬上就能明白：原來葛列格每一個動作、每一個行為，在在顯示他是典型的逃避型依附風格。他的思想、行為、還有對外界的反應，都符合逃避型依附風格的特質，甚至能夠預測葛列格的行為，包括他疏遠塔瑪拉，還不時挑塔瑪拉的毛病，不斷引發爭執，讓兩人漸行漸遠，而且葛列格很難對塔瑪拉說出「我愛你」三個字。有趣的是，依附理論也解讀出葛列格的矛盾之處。其實，葛列格很想拉近與塔瑪拉的關係，但每當他倆變親密之後，他卻又覺得必須把塔瑪拉推離自己身邊。其實，葛列格並不是不愛塔瑪拉，也不覺得塔瑪拉配不上他（這正是塔瑪拉非常擔心的一點）。相反地，葛列格之所以疏遠塔瑪拉，正是因為他察覺兩人的親密程度正在提升。

同樣地，塔瑪拉在這段關係中的行為也非特例。依附理論指出，塔瑪拉的行為模式、思考方式、回應方法，完全符合焦慮型依附風格的特質。因此，面對葛列格的疏離，她只有把葛列格抓得更緊。隨著情況惡化，塔瑪拉不只無法專心工作，每天更是患得患失，緊張兮兮地觀察葛列格的一舉一動。雖然，塔瑪拉心裡早就決定要為這段關係畫下句點，卻遲遲無法鼓起勇氣向葛列格提分手。她明明知道，自己的行為無異於飛蛾撲火，也清楚知道朋友的建議都是在為她著想，但還是不顧一切地想要拉近與葛列格的距離。最重要的是，依附理論顯示塔瑪拉與葛列格擁有不同的依附風格，也因此他們倆明明相愛，交往起來卻困難重重。他們兩人猶如講著對方無法理解的話語，並且更強化了彼此的依附模式，塔瑪拉越是渴求生理與心靈上的親密，葛列格就越想逃離這段親密關係，找回獨立與自由。依附理論的敘述實在精準到不可思議，就好像研究人員親眼見證了兩人的親密時光，洞悉他們的心靈世界。一般而言，心理學理論的敘述可能會比較籠統，留下很大的解讀空間；相比之下，依附理論卻提供充分的證據，提出明確的分析，破解了一段看似獨一無二的感情關係。

其實，要改變依附風格並非不可能，平均而言，大約25%的人會在四年之間改變一次依附風格。然而，多數人並不知道依附理論，所以不會意識到自己的依附風格發生轉變。我們認為，要是能夠提供一些方法，幫助大家控制這種足以影響人生的轉變，那肯定是個好主意！若能幫助人們有意識地朝向安全型發展，那麼他們的感情生活將更加順利，而不再是任由命運掌控人生。

這三種依附風格令我們大開眼界，原來成人依附行為在生活中無所不在。現在，我們能用全新的角度看待感情關係中的各式行為。如果將依附理論套用在不同的人身上，例如病人、同事、朋友等等，就能用不同的方式解讀他們的感情，得到更清楚的樣貌。

人們的戀愛行為不再撲朔迷離，在某些情況下，是可以預測的。

依附的演化

依附理論奠基於一項論述：人類天生就需要親密關係，這是基因決定的。心理學家約翰．鮑比（John Bowlby）某次靈光乍現，提出人類在演化時發展出一套機制，在一生中會選出特定的幾個人，建立緊密的關係。我們生來就註定要依賴某個人，這種需求從出生就伴隨著我們，直到死亡。鮑比認為，在演化的過程中，具有依附傾向的人比較不會受到淘汰，因為這些人具有生存優勢。在史前時代，凡事只靠自己的人往往成了野獸的獵物，因為他們太過獨立，遇到危險時，沒有人可以保護他們；與依附對象待在一起的人則受到關心與照顧，因此容易存活下來，並把偏好建立親密關係的基因傳給後代子孫。事實上，依附已經重要到內化為人類的生理機能，我們的大腦發展出專門機制，負責創造、管理我們跟依附對象的關係（依附對象包括父母、子女或伴侶），這就叫做依附系統（attachment system）。依附系統包含一連串情緒與行為，確保我們與親密對象保持緊密的關係，如此一來我們就能受到保護，過著安全的生活。依附系統也解釋了為何孩子一離開母親身邊，就會焦慮不安，拼命尋找母親或哭泣不止，直到母親回到他們身邊，這些反應叫做反抗行為（protest behavior）。我們成年之後，依然會保有反抗行為。在史前時代，與伴侶保持密切關係是件生死攸關的大事，依附系統因此將親密關係視為一種必要的需求。

試想，假如某天你聽到新聞，得知某架飛機在大西洋上空墜毀，而你的伴侶那天傍晚恰巧要從紐約搭機到倫敦，這時你覺得自己的心臟瞬間往下沉，整個人天旋地轉。這些歇斯底里的反應，正是源於你的依附系統，而你焦急萬分地打電話到機場確認伴侶的安危，則屬於反抗行為。

演化極度重要的特點之一就是多樣性，人類是非常多樣化的物種，在不同地區的人類，外貌、態度、行為都會呈現很大的差異。多樣化解釋了為什麼地球上有各式各樣的人種，以及為什麼人類有能力適應地球上各種生態環境。假如所有的人都一樣，只要環境稍微發生變化，人類搞不好就會滅絕了。由於多樣性，即使某個地方不適合特定種族生存，另一個族群卻有機會存活下來。依附風格也和人類的其他特質一樣，每個人都不盡相同，雖然大家都有建立親密關係的基本需求，做法卻大相逕庭。在艱困危險的環境，如果我們把時間跟精力只投資在一個人身上，會讓我們處於弱勢，因為這個依附對象可能不會長期待在我們身邊，在這種時候，降低依賴並保持獨立的做法就很合理，因此產生逃避型依附風格。有些人在嚴酷的環境中，則會採取跟逃避型人士完全相反的生存策略，保持高度警覺，並且隨時與依附對象保持緊密關係，也就是焦慮型依附風格。如果你身處的環境較為穩定，那麼與單一特定對象建立親密關係，對你自己或是後代都比較有益，這就是安全型依附風格的起源。

到了現代，我們不再像老祖先那樣，生活在惡劣的環境當中，擔心成為野獸的盤中物。但是，從進化的觀點來看，我們和祖先其實沒有太大的差異。即便智人的生活環境與現今社會天差地遠，不過我們的情緒反應，依然承襲了祖先的生活方式與危機處理模式。我們今天在一段關係中的種種感受與行為，其實跟祖先並沒有太大差異。

數位時代下的反抗行為

了解依附風格在生活中的影響力之後，我們就能以不同的角度觀察人們的行為。本來被我們歸因於個性或是被當成反應過度的行為，如果以依附理論分析，都能得到合理清楚的解釋。這項發現，讓我們更加明白即便葛列格給塔瑪拉帶來這麼大的痛苦，為何塔瑪拉依然無法和葛列格分手。這不純粹是因為塔瑪拉性格軟弱，反而是因為塔瑪拉有著不計一切代價維持親密關係的本能，這種本能又被焦慮型風格給放大了。

一旦塔瑪拉產生一絲一毫的危機感，像是聯絡不到葛列格、擔心葛列格可能遇到麻煩等等，她的敏感神經就會被挑起。從演化的角度來看，如果確實發生這些狀況，塔瑪拉卻毫無反應，那才真的是瘋了。基於這個觀點，塔瑪拉的「反抗行為」（例如連打好幾通電話，或是設法讓對方吃醋），完完全全是正常的反應。

我們之所以喜愛依附理論，是因為這項理論根基於一般大眾。大部分跟感情有關的理論往往只根基於接受心理治療的少數夫妻，依附理論則不然，是經過廣泛研究而形成，對象既包括感情幸福的人，也有感情不順的人，既有曾尋求協助的人，也有未曾尋求幫助的人。依附理論除了能釐清感情為何失敗，也讓我們了解為何有些戀情順順利利，還關注經常被感情書籍所忽略的族群。此外，依附理論不會把戀愛行為貼上「正常」或是「不正常」的標籤，也沒有哪一種依附風格是「病態的」。過去在愛情裡被認定很古怪或是動機叵測的行為，從依附理論的角度來看就說得通了，甚至還能事先預測這些舉動。你根本不確定他愛不愛你，卻還要繼續跟他在一起？可以理解啊！你說你想要分手，卻在幾分鐘之後改變心意，迫切想要繼續跟對方交往？也可以理解啊！

但是，這些行為是否有效或值得，就完全是另外一回事了。安全型依附風格的人知道該如何透過溝通達到他們的期望，不需要倚賴反抗行為，就可以迅速回應伴侶的需求。至於其他類型的人，當務之急就是要先了解依附風格。

從理論到應用：以依附理論為基礎的建議

每個人對親密度的需求截然不同，這些差異就是導致情侶產生摩擦的原因，依附理論讓我們得以用另一種觀點看待愛情。可是，研究雖然讓我們更容易了解戀愛關係，我們到底該怎麼做，才能改善感情生活呢？雖然運用依附理論有可能改善人與人之間的親密關係，但是要如何將研究化為易於理解的實踐之道呢？這個問題目前還沒有答案。我們堅信，依附理論能夠引導大家改善感情關係，因此我們盡可能了解三種依附風格在日常生活中的表現方式。

我們訪問了各行各業的人，對象不僅包含我們的同事與病人，也有涵蓋不同背景與年齡層的民眾。我們整理了這些人的戀愛經歷與心路歷程，也實際觀察伴侶的互動方式，根據他們的言論、態度、行為來判斷依附風格，並視情況根據依附理論提出明確的建議。我們發展出一套技巧，方便人們在短時間內判斷某個人的依附風格。我們教導大家運用依附本能，而不是壓抑依附的需求，讓人們不只是避開痛苦的戀情，還能找出值得悉心培養的「珍珠」——這套方法真的有效！

我們發現，多數針對戀情的建議要不是侷限於單身人士，就是只針對伴侶，反觀依附理論則能夠涵蓋各種感情關係，無論一個人是否談過戀愛，又處於感情的哪個階段，都可以運用這項理論。無論你是剛墜入情網、和伴侶進入老夫老妻狀態、正在跟戀人鬧分手、處於失戀療傷期，或是經歷喪偶之痛，都可以在依附理論中，找到符合自己感情階段的建議。我們相信，成人依附理論在各個情境都能發揮強大的作用，幫助人們與所愛的人建立更美好的關係。

化想法為行動

沒過多久，與依附風格相關的討論，就成了周遭朋友津津樂道的話題。我們聽到許多人在接受治療時或晚餐時間提起：「我不能跟他約會，他很明顯是逃避型。」或是：「你知道的，我是焦慮型，我可不想要短暫的愛情。」不久之前，他們連依附風格是什麼都不曉得！

塔瑪拉當然也聽說了依附理論，也把我們的新發現了解得一清二楚，每次跟我們聊天時，幾乎都會提到依附理論。最後，塔瑪拉鼓起勇氣，斬斷了她與葛列格糾纏不清的情緣。沒過多久，她重新振作，積極與其他男性約會。塔瑪拉依循從依附理論學到的新知識，游刃有餘地避開逃避型依附風格的追求者，她知道這些男人不適合她。以前她會為了這種人煩惱不已，每天費盡心思猜測對方的心思、他會不會打電話過來，如今，這些人已經不在塔瑪拉的考慮範圍之內，直接被她三振出局。塔瑪拉開始睜大眼睛觀察追求者的依附風格，看看這些人是否有能力與她發展長期親密關係。

不久之後，塔瑪拉遇見了湯姆，湯姆明顯是安全型。他們的感情發展得十分順利，塔瑪拉也很少再找我們討論感情事了，這不是因為她不想跟我們聊心事，而是因為戀情順利，自然沒有什麼危機，也不會讓她胡思亂想。聊天的時候，塔瑪拉常常跟我們分享他倆一同度過的美好時光，對未來的規劃，還有她再次蒸蒸日上的事業。

向前邁進

我們將實行依附理論的成果整理成書，也就是這本書的起源。希望你可以像我們的許多朋友、同事、案主一樣，善用依附理論，做出更好的決定。接下來的章節會一一介紹不同的依附風格，它們又如何影響你在感情中的行為與態度。你可以用全新的角度檢視過去失敗的關係，也更清楚了解自己與其他人的行為動機。你會更加明白自己需要的是什麼，該跟什麼樣的人在一起才能讓你感到快樂。如果你正在談戀愛，但是伴侶的依附風格跟你大不相同，甚至導致你們之間產生衝突，這本書可以幫助你了解彼此的想法與行為，讓你學習如何提升關係的滿意度。從現在起，改變即將開始，一起變得更好吧！

第二章／依賴不是壞事

幾年前有個電視真人實境秀，找了許多來自世界各地的情侶檔或夫妻，兩人一組挑戰困難的關卡。在所有參賽隊伍之中，凱倫與提姆是最引人注目的一對，有著出眾的外貌、健美的身材、聰明的腦袋、成功的事業。然而，在他們面對各式挑戰時，兩人的歧異就浮現了，其中最大的差異是：凱倫想結婚，可是提姆不願意。凱倫想要增加親密感，提姆卻在乎自己的自由。比賽中，他們面臨許多高壓的挑戰，不可避免地起了爭執，每次爭執過後，凱倫經常希望提姆能夠牽她的手，可是提姆覺得這種舉動太親密了，所以並不情願，再說，他也不想隨時迎合凱倫起起伏伏的情緒。

提姆跟凱倫本來一路領先，差點就要贏得豐厚的大獎，卻在最後一關挑戰失敗。在節目尾聲，他們接受訪問，被問到如果比賽能夠重來，有沒有什麼想要改變的地方。凱倫說：「我想我們會輸掉，是因為我太黏提姆了。現在回想，我覺得自己的行為是有點過火，很多時候都要提姆牽我的手。我也不知道為什麼我覺得這很重要，不過我已經學到教訓，以後不會再這麼做了。為什麼我非得要提姆牽著我？這樣還滿傻的。即便提姆沒有牽著我，我也應該保持冷靜才是。」提姆只說：「這個比賽跟現實生活差太多了，這是我覺得壓力最大的一次經歷。比賽中我們根本沒有閒功夫生對方的氣，只能趕快完成一個又一個任務。」

凱倫跟提姆都忽略了一件重要的事：提姆在高空彈跳那一關退縮了，甚至差點放棄比賽。雖然凱倫一直鼓勵他，說會陪他一起完成任務，提姆還是做不到，甚至把所有的裝備脫下來，想要離開比賽現場。最後，提姆鼓起勇氣完成任務，不過因為他猶豫太久，兩人失去了原本的領先優勢。

凱倫誤以為，自己有能力也應該控制情感需求，獨自排解壓力；然而，根據依附理論，這種想法是完全錯誤的。凱倫認為問題在於她太黏人，可是研究表示，事實恰好相反。依附伴侶，意味著我們的腦部機制使我們持續追求身心的親密，藉此獲得對方的支持，假如伴侶未能回應這項需求，我們出於本能，會繼續向伴侶索求安全感，直到伴侶回應為止。如果凱倫跟提姆了解這個情況，凱倫就不會因為自己在全國性節目上要求牽手而感到丟臉，提姆也會知道，這個簡單的動作可以讓他們的勝算大大增加。要是提姆曉得，只要即時回應凱倫的需求，就不用在事後花更多時間安撫凱倫，他或許會很樂意在凱倫焦慮時，主動牽起她的手，不至於等她要求才這麼做。此外，若是提姆能夠坦然接受凱倫的支持，或許就不會在高空彈跳那關卡住。

依附理論告訴我們，一旦情感需求未被滿足，我們就會向伴侶索求親密感；不過，只要伴侶儘早滿足我們的情感需求，我們的依賴感就會隨之減輕，進而將注意力轉向其他事物。在依附理論的文獻中，這種現象稱為「依附悖論」（dependency paradox）：如果情侶能夠依賴彼此，達到良好的依賴效果，雙方就會變得越來越獨立，也會越來越有自信。可惜的是，凱倫與提姆不知道該如何善用兩人的感情，建立更多優勢。

我們已經很努力了（但還不夠！）

比賽結束後，凱倫責怪自己太黏提姆，提姆則是忽略自己身為伴侶的角色，這兩種反應都不奇怪，嚴格說起來，也不是任何一方的錯。我們身處的現代文化大肆鼓勵大眾追求獨立，忽視人們對親密感與依賴的基本需求。我們往往將這種觀念視為真理，導致自己深受其害。

所有人都應該在感情上保持獨立的錯誤觀念，並不是一天兩天的事了。不久之前，在西方社會，大家都認定父母親最好要求孩子自立自強，學習處理自己的情緒，如此一來，孩子能更快樂地成長。不過，依附理論的出現扭轉了這種看法，至少我們不再如此對待孩子。一九四〇年代，專家曾警告父母，「過度照顧」會導致孩子容易依賴、缺乏安全感，成年後將難以融入社會，心理狀態也較容易變得不健康。這些專家還認為，父母不應該給嬰兒太多關愛，也不該特別安撫哭泣的嬰兒，要讓他們想哭多久就哭多久，最好還要讓嬰兒嚴格按照表訂的時間進食。在醫院裡也有類似的情況，有些醫院將孩子另外安置，所以父母只能隔著玻璃窗探視孩子。另外，只要狀況有一點點不對勁，社工就會把孩子帶離原生家庭，安置到寄養處。

當時的人普遍認為，父母應該與孩子保持適當距離，任何親密的肢體接觸都應該經過審慎考慮。在一九二〇年代，由約翰．布羅德斯．華生（John Broadus Watson）所撰寫的《嬰幼兒心理照護》（*Psychological Care of Infant and Child*）是當時炙手可熱的教養書籍，華生將此書獻給「初次養出快樂孩子的媽媽」，並警告「母愛氾濫」的危險性。他認為，快樂的孩子會自動自發，不畏艱難，自立自強，適應力極佳，具備解決問題的能力，十分投入學習與遊戲，不太依戀任何地點或他人，而且通常只有受傷時才會哭泣。

長久以來，心理學家都不重視父母親與孩子之間的情感連結，一直到一九五〇與一九六〇年代，瑪麗．愛因斯沃斯（Mary Ainsworth）與約翰．鮑比才建立依附理論，顛覆了舊有的思維。過去，學者認為，兒童之所以依賴母親，純粹是因為母親提供食物與營養，所以孩子自然而然地將母親與食物聯想在一塊，並因此親近母親。然而，鮑比卻發現，即便嬰兒受到良好的照顧，獲得成長必需的營養，一旦缺乏可以依附的對象，身心便很難健全發展。二戰時期，那些流離失所或在孤兒院長大的孩童，就是最好的例證，這些孩子在生理、智力、情緒、人際關係等方面，皆發展遲緩。愛因斯沃斯與鮑比的研究證明，除了食物與水，照顧者與嬰兒的情感連繫也是孩童成長不可或缺的要素。

依附需求：不是孩子的專利

鮑比一直主張，依附是人類行為當中相當重要的環節，在人的一生中持續扮演重要角色。到一九八〇年代晚期，辛蒂・哈珊與菲利浦・謝佛兩位心理學家，發現成人在感情關係中也表現了明確的依附風格。他們在《落磯山新聞報》上刊登一則「戀愛小測驗」，請讀者從三個選項裡，選出最符合自身感受與感情態度的敘述，這三則敘述分別對應不同的依附風格，內容如下：

♥ 相較之下，我覺得自己容易與別人親近，也能很自在地與別人互相依賴。我不會常常擔心被伴侶拋棄，也不會因為情人與我太過親密而感到焦慮。（安全型依附風格）

♥ 有時候，跟別人親近會讓我不太自在。我很難完全相信別人，也不太願意依賴別

人。一旦別人跟我太親近，我就會感到緊張。我的伴侶想要的親密感，常常讓我覺得不太自在。（逃避型依附風格）

♥我發現跟我比起來，別人似乎不太想要這麼親密。我常常擔心伴侶不是真心愛我，擔心對方會甩掉我。我渴望完全融入另一個人的生活，卻常常把別人嚇跑。（焦慮型依附風格）

調查結果顯示，成人的依附風格分佈比例跟嬰幼兒相似得驚人：多數人的感情模式屬於安全型，剩餘的人則是焦慮型或逃避型大約各半。研究也發現，不同依附風格的人擁有差別相當大的價值觀，以及看待家人、感情與親密關係的態度。

哈珊、謝佛與其他學者之後又提出更多研究，支持這些發現，也證實鮑比的推論：依附風格在一個人的生命中持續扮演重大角色。不同之處在於，成人抽象思維能力較高，因此，即便暫時看不到依附對象，也知道對方與自己心意相同，情感依然緊密，所以比較不會焦慮。不過，無論成人或孩童都需要親密感，需要知道依附對象一直支持著自己，這些需求始終是人生中相當重要的一環。

不幸的是，正如父母與子女的情感連結在過去並未受到重視，時至今日，成人依附理論也未得到應有的注意。許多成年人還是認為，在愛情中太過依賴伴侶不是什麼好事。

關係成癮

關係成癮理論（the codependency movement）與其他時下當紅的自助方法，針對感情所提出的論點，非常接近二十世紀前期對於親子關係的主流觀點（例如那些獨立自主的「快樂孩子」）。當今的專家通常會提出像這樣的建議：你的幸福應該來自於自身，不要依賴情人或伴侶；你的幸福不是他們的責任，他們的幸福也不該是你的義務；每個人都應該好好照顧自己，你也要學習不讓親密的人攪亂內心的平靜；如果伴侶的行為讓你沒安全感，你得設法抽離那個情境，把注意力放回自己身上，讓心情維持穩定；如果你做不到，那麻煩可能就大了，這表示你和別人過度糾纏不清，或是有所謂的「關係成癮」，你應該學習設立界線。

這個觀點奠基於一項基本前提：一段理想的關係，必須由兩位在心理上保持獨立的人共同建立，雙方以成熟的方式對待彼此，也會互相尊重，同時還要維持清楚的界線，如果你過度依賴伴侶，就表示你的性格有所缺陷。專家會建議你：要學習「自我分化」，也要發展出「更強烈的自我意識」，最糟糕的情況就是你必須依靠伴侶才能夠好好生活，代表你已經對這個人「上癮」了，大家都知道，離不開伴侶是一件非常危險的事。

雖然「關係成癮」理論的推廣，幫助許多人脫離痛苦的深淵（這些人可能因為家人的酗酒或成癮行為一再被傷害），但是，這個理論也可能帶來誤解。假如不分青紅皂白，就把關係成癮的觀念套用於每段感情中，問題可就大了。參加真人實境秀的凱倫，就是受到這套思想的影響。但是，生物學研究卻呈現出完全不同的觀點。

生理上的事實

許多研究結果顯示，當我們與伴侶相互依附，就會在生理上成為一個整體，雙方的血壓、心跳、呼吸、血液中的賀爾蒙都會彼此影響，換句話說，我們不再是完全分離的個體。時下研究成人感情的大眾心理學多半強調自我分化，但是從生物學的角度來看，這些論調根本站不住腳。依附是個生理事實，既不是個人偏好，也不是我們能選擇的。

詹姆斯．柯恩博士（Dr. James Coan）的研究特別能夠說明這點。柯恩博士是維吉尼亞大學情緒神經科學實驗室的主任，他與理查．達維森（Richard Davidson）、希拉蕊．謝爾佛（Hillary Schaefer）合作進行一項實驗，研究主題是我們與他人的關係是否會影響我們的情緒反應。在實驗中，他們使用功能性磁振造影掃描已婚婦女的腦部活動，掃描的同時，他們告訴受試者，她們接下來將受到輕微的電擊，藉此創造壓力場景。

一般而言，當我們處於壓力之下，下視丘會變得比較活躍。機器掃描結果發現，如果這些婦女得獨自等待電擊，下視丘會出現明顯的活躍反應。接著，他們讓這些婦女握著一位陌生人的手，此時下視丘的活躍反應減少了一點。如果讓她們握著丈夫的手，結果又是如何呢？實驗發現，此時受試婦女的下視丘幾乎沒什麼活躍反應，機器幾乎測不到她們承受的壓力。實驗結果還顯示，對婚姻滿意度越高的婦女，越能在跟丈夫牽手時放鬆下來，這部分稍後會再詳述。

這項研究證明，當兩人建立親密關係，雙方的心理和情緒都會受到影響，生理上與心理上的親密度都會影響壓力反應。既然戀人彼此在生理上的影響大到這種程度，我們怎麼有辦法在一段關係中維持高度的自我分化呢？從凱倫的案例可以看出，其實凱倫本來就知道，在壓力情境下握著伴侶的手具有療癒效果，但她卻屈服於大眾對依附的誤解，認為她的本能是一種軟弱的表現，甚至引以為恥。

依附悖論

早在大腦成像技術發展之前，鮑比就了解到，我們渴望與另一個人共度一生的需求是由基因決定，跟我們多愛自己或是生活過得多滿意並無關連。他還發現，一旦我們對某人產生依附，就會產生一種我們往往無法控制的強大力量。無論我們本來多獨立，一旦開始依附他人，就會自動產生新的行為模式，這不是理智能夠左右的。只要我們選定一個伴侶，要不要依賴對方就不是自己能夠決定的了，我們必定會開始依賴對方，不管是誰都一樣。如果在一段愛情當中，雙方都優雅從容，十分淡定，既不怕受傷害，也不怕失去彼此，聽起來似乎非常完美，可惜並不符合生物學。演化已經證明，一對心意相通的戀人，通常存活的機會也較高。這樣一來，如果對方有任何反應，我們感受得到；如果對方心情起伏，我們也會焦慮不安；我們彼此都是對方生命的一部分，都願意付出一切去拯救對方，都把對方的安全看得比自己還重要，也就大大提高了存活優勢。

面對依附所產生的強大力量，不同依附風格的人會有不同的處理方式。安全型與焦慮型的人能坦然接納依附，逃避型的人則可能壓抑依附。但是，不論是哪種風格，都需要找一個依附對象建立連結。在第二部第六章〈與愛保持適當距離：逃避型依附風格〉中，列舉了一些實驗，結果顯示，逃避型也有依附需求，卻會積極壓抑這個需求。

如果想要有一段幸福快樂的關係，是不是代表我們跟伴侶要像連體嬰一樣，片刻不得分離，甚至要放棄自己生活的一部分，例如事業和朋友？絕對不是如此。相反地，擁有一個親密的伴侶，會讓我們更有能力面對這個世界帶來的挑戰，這就是所謂的「依附悖論」。我們要怎麼徹底依賴別人，同時保有獨立自主？如果用一句話總結成人依附理論的前提，這句話會是：如果你想要獨立自主，又想要幸福快樂，就得找到一個對的人，放心依賴他，一同走過人生的旅途。只要能理解這句話，就理解了依附理論的精髓。為了解釋這個原則，我們不妨再回顧童年，童年正是依附萌芽的時期。雖然成人與兒童依附風格並不完全相同，不過最能闡述依附理論的，正是著名的「陌生情境實驗」。

陌生情境實驗

莎拉跟一歲大的女兒金咪走進堆滿玩具的房間。一見她們走進來，年輕的研究助理很快迎上前，友善地跟母女倆打了聲招呼。金咪開始在這個新天地裡探險，爬來爬去，選了幾個玩具，又把它們丟到地上，看看它們會不會滾動、發出聲音或亮起來。不過，金咪時不時會回頭瞧瞧媽媽是否還在附近。

接著，研究助理指示莎拉離開房間，莎拉站起身，無聲無息地走了出去。金咪一發現媽媽不見，立刻慌張起來，用最快的速度爬到門口，一邊哭著喊媽咪，一邊拍打著門。研究助理拿了一盒五顏六色的積木，試著引起金咪的興趣，但是金咪一點也不領情，反而變得更加激動，還把一塊積木扔到研究員臉上。

過了一小段時間，莎拉回到房間。一見到媽媽，金咪馬上過去，伸出兩隻手要媽媽抱。莎拉把金咪摟在懷裡，柔聲安慰，金咪緊緊地抱著媽媽，停止了哭泣。金咪再次獲得安全感之後，恢復了對玩具的興趣，再次興致勃勃地玩遊戲。

莎拉與金咪所參與的實驗在依附理論研究中舉足輕重，被稱作「陌生情境實驗」（以上只是大致描述實驗過程）。依附理論研究的先驅愛因斯沃斯發現，母親在場的時候，孩子能夠保持探索的慾望，放心玩耍跟學習，但是一旦母親離開，孩子對周遭事物的好奇心就會降低。愛因斯沃斯還發現，只要跟依附對象同處一室，孩子就能在陌生的環境中處之泰然，盡情探索。依附對象的存在與支持，被稱作「安全基地」（secure base），這代表你知道你倚賴的人一定會支持你，所以你可以百分之百信賴他，在你需要的時候，這個人會毫不吝惜地伸出援手。「安全基地」是兒童探索、發展與學習的先決條件。

成年人的安全基地

長大之後，我們探索的對象不再是玩具，相反地，我們得走進世界，面對各式各樣的情況與的挑戰。我們想要在工作中有出色的表現，擁有能讓自己放鬆的休閒嗜好，也想要夠有同理心，好好照顧孩子與伴侶。如果我們跟陌生情境實驗中的孩子一樣，因為依附對象的存在而充滿安全感，我們就可以盡情探索世界，承擔各式風險，充滿創造力，勇敢追求夢想。但假如沒有安全感呢？如果我們不確定親近的人或伴侶是否打從心底相信我們、支持我們、在我們需要的時候會陪在身邊，我們就難以集中精神，面對生活中的各種難題。就像陌生情境實驗一樣，如果伴侶可以成為我們的後盾，知道在必要時刻該如何支持我們，讓我們有安全感，我們就能夠灌注全副精力，面對人生中的各式挑戰，把生活過得精彩萬分。

卡內基梅隆大學關係實驗室主任布魯克．菲尼（Brooke Feeney），曾說明安全基地在成人關係中如何運作。他對伴侶間相互支持的方式特別感興趣，也研究了哪些因素會影響伴侶支持對方的成效。在菲尼博士的某項實驗中，要求伴侶討論彼此的人生目標與發展機會，研究結果顯示，如果參加者覺得自己得到伴侶的支持，在討論結束後，他們的自尊心會提升，心情也比較好，甚至比討論前更相信目標有可能達成。但是，如果參與者覺得伴侶心不在焉或是不太支持，就會比較不想談論自己的目標，在討論的過程中，也比較容易覺得自己的目標不重要。

回到參加電視實境秀的情侶凱倫與提姆，在很多方面，他們的經歷就像是成人版「陌生情境實驗」。就像金咪需要媽媽在場一樣，凱倫希望提姆牽著她的手，提姆則需要凱倫的支持與鼓舞。只要提姆不牽凱倫的手，凱倫的「反抗行為」就會啟動，就像金咪發現媽媽不在會大聲哭喊。不論是兒童還是成年人，都需要依附對象的支持，才有心思從事其他活動。我們得確保「安全基地」無虞，才能繼續關心其他事物。

找到對的人來依附

問題是，假如我們全心全意把某個人當作依附對象，這個人卻不願意給予支持，也不願意履行依附對象的職責，該怎麼辦呢？我們的大腦認定伴侶是情感的安全基地，是情感的依歸，也是我們的避風港，我們會向他尋求情感上的支持，但是，萬一他們不支持我們，那該怎麼辦呢？柯恩博士的功能性磁振造影實驗顯示，在緊張情況下，和伴侶有肢體接觸能降低焦慮情緒，此外，當事人對親密關係的滿意度越高，就越能從伴侶的支持中受益。另有其他實驗進一步研究，例如多倫多大學精神病學家兼研究員布萊恩．貝克（Brian Baker）研究精神因素對心臟病和高血壓的影響，特別是婚姻不和諧與工作壓力對血壓造成的持續性影響，發現幸福的婚姻對於輕微高血壓有所助益，換句話說，當婚姻和諧，和伴侶相處能夠把血壓降低到健康標準。相反地，如果婚姻不幸福，光是接觸到伴侶就足以使血壓升高，只要你待在伴侶身邊，血壓就降不下來！這項發現意義重大：假如伴侶不能滿足我們的基本依附需求，我們等於是長期處在不安與緊繃的環境，罹患各種疾病的風險將會提升。如果依附對象無法成為安全基地，不只我們的心情會受到影響，健康也會連帶遭殃。

如此看來，伴侶的力量足以左右我們是否在世界上發光發熱，這點毫無疑問。伴侶不僅影響我們對自己的感受與自信，也影響我們是否追求夢想與目標。如果伴侶能滿足我們的依附需求，擔任安全基地與避風港，我們也比較容易保持身心健康，還可能更加長壽。如果伴侶對我們時冷時熱，行為反覆，我們會心情鬱悶，這種消磨心力的感情會阻礙我們成長，甚至連健康也會受到影響。本書將告訴你，如何找到能夠成為安全基地的伴侶、該怎麼成為一個好伴侶，也能幫助你的伴侶扮演好改變你生命的重要角色。

好好利用這本書吧

這本書要如何帶領你找到適合的愛情，或是改善現有的親密關係？

接下來，我們邀請你親身參與，直搗核心，找出自己的依附風格，了解自己獨特的「感情ＤＮＡ」。在那之後，你會學習如何分辨周遭的人擁有什麼依附風格。這些都是相當關鍵的章節，是你了解自身感情的第一步，帶領你逐步認清自己在關係中的特定需求，看清誰能夠（或不能）滿足這些需求。我們會循序漸進，引導你完成這些步驟，接著給你機會練習新技能。第二部深入探討每一種依附風格，讓你更了解依附風格的運作模式。你或許能以全新的角度回顧過往的戀情，並觀察周遭親友的感情生活。

第三部提出了警告，你會在這幾章學到，如果你跟伴侶的親密需求天差地遠，會讓你們付出多大的感情代價，這種狀況被我們稱為「焦慮逃避感情陷阱」。如果這正是你的感情所面臨的困境，你也想要解決問題的話，這一部會提供一些維繫感情的建議。一旦了解不同依附風格的親密需求與弱點，善加運用小技巧，就可以提升關係中的安全感，針對「焦慮逃避感情陷阱」，我們也會提出明確的建議。如果你決定慧劍斬情絲，本書能幫助你克服那些阻礙你放下過去的陷阱，提供實用的建議，讓你渡過分手的心碎時期。

最後，我們深入研究安全型的心理，找出伴侶之間有效溝通的方法。「有效溝通」不僅能讓你在保有自尊、充滿力量的狀態下，清楚傳達你的需求，也能讓你知道關於伴侶的寶貴資訊，從他們給予的回應就能看出不少線索。另外，我們揭露了安全型人士的五種解決衝突策略，並提供練習，讓你實地運用新技能，如此一來，你就不用再害怕跟伴侶發生爭執，因為你早已做好萬全準備。這些章節對焦慮型或逃避型來說尤其重要，能幫助你擁有健康又幸福的感情。即便你是安全型人士，這些技巧也會大幅提升你的感情滿意度，游刃有餘地面對生活中的各項挑戰。

我們誠摯希望，當你了解依附風格在一段關係中的強大影響力，也學會處理你和伴侶的依附需求，你的人生將從此不同，正如我們親身經歷的一樣。

第一部／你的感情工具箱：了解依附風格

第三章／第一步：我屬於哪一種依附風格？

把依附理論融入生活中的第一步，就是好好觀察，了解自己以及身邊的人屬於哪一種依附風格。在下一章，我們會指引你根據一些線索，找出現任伴侶或是潛在情人的依附風格。不過，在分析別人之前，還是從你最了解的人——你自己下手吧。

我的依附風格是哪一種？

以下問卷可以幫助你判定依附風格，也就是你在親密關係中與伴侶互動的模式。本問卷改編自凱莉．布內（Kelly Brennan）、凱瑟琳．克拉克（Catherine Clark）與菲利浦．謝佛於一九九八年共同推出的〈親密關係問卷〉（Experience in Close Relationship questionnaire，縮寫ECR），問卷的設計者之一謝佛，正是當年與哈珊合作設計「戀愛小測驗」的人。

〈親密關係問卷〉針對焦慮型與逃避型兩種依附風格，設計了一系列簡短的問題。新版的問卷跟早前的「戀愛小測驗」相比，在內容的設計上改善了不少。在新版的測驗中，伊利諾州立大學的克利斯・法里（Chris Fraley）與凱莉・布內、尼爾・沃樂（Niels Waller）合作，推出〈修訂版親密關係問卷〉（ECR-R）。以下是修改過的版本，更貼近現實生活。

依附風格通常是穩定的，但也可能隨時間改變。知道自己的依附風格之後，你會更認識自己，也會更了解自己與別人的互動模式，理想上，這能讓你的人際關係更快樂。

請在符合你的敘述後面打勾。如果不符合，請不要做任何記號。

	符合		
	A類	B類	C類
我常擔心伴侶不再愛我。	○		
向伴侶表達愛意對我來說一點也不難。		○	

我害怕如果伴侶了解真正的我，他／她就會嫌棄我。	○		
我發現自己分手後，心情都會很快平復，我很驚訝自己竟然這麼容易把舊情人從心頭抹去。			○
只要沒有談戀愛，我就會非常焦慮，像是少了什麼似的。	○		
看到伴侶面臨低潮時，我很難給他／她情感上的支持。			○
當伴侶不在身邊，我會擔心他／她是不是看上了別人。	○		
我對於依賴伴侶感到很自在。		○	
對我來說，我的獨立與自由比感情還重要。			○
我不太想要與伴侶分享內心最深沉的感受。			○
當我向伴侶傾訴，我很害怕他／她不會回應我的感情。	○		

基本上，我對自己的愛情很滿意。		○	
我談戀愛時，很少覺得有需要做出違反自己原本個性的行為舉止。		○	
我常常反覆思考我的戀愛關係。	○		
我很難放心依賴自己的伴侶。			○
我通常很快就會對伴侶產生依戀感。	○		
我在與伴侶溝通自己的需要與想法時，幾乎沒遇過什麼困難。		○	
有時候，我會莫名其妙地生伴侶的氣，或是覺得他／她很煩。			○
我對伴侶的情緒變化很敏感。	○		
我相信大多數人本質上都是誠實可靠的。		○	

與其跟固定的親密伴侶做愛，我偏好沒有承諾、不用承擔責任的性愛。			○
我可以自在地跟伴侶分享我私密的想法與感受。		○	
我擔心，如果伴侶離開我，我會再也找不到愛我的人。	○		
如果我的伴侶跟我太親近，我會緊張不安。			○
跟戀人發生衝突時，我往往會口不擇言，說出一些事後會後悔的話，而不是在當下理性思考。	○		
我不會因為與伴侶發生一次爭吵，就質疑我們倆的感情。		○	
我的伴侶通常希望跟我更親密，但是我對於那種程度的親密感很不自在。			○
我擔心我不夠有魅力。	○		
我談戀愛時很少小題大作或興風作浪，所以有時候別人會認為我有些無趣。		○	

和伴侶分離時，我會想念他／她，但是我們在一起時，我卻又想逃離。			○
當我和別人意見不一致，我能夠坦然陳述我的看法。		○	
我討厭被人依靠的感覺。			○
即便我發現自己喜歡的人欣賞別人，我不會因此感到痛苦，雖然我可能會有點嫉妒，不過那種感覺很快就過了。		○	
當我發現自己喜歡的對象欣賞別的對象時，我鬆了一口氣，這表示他／她目前不想要發展一對一的交往關係。			○
如果我發現自己心儀的人欣賞其他對象，我會非常難過。	○		
如果約會對象表現出冷淡疏遠的樣子，我會猜想背後的原因，但是我知道大概不是因為我。		○	
如果約會對象表現出冷淡疏遠的樣子，我大概不會在乎，甚至還有些如釋重負。			○

如果約會對像表現出冷淡疏離的樣子，我會擔心自己是不是做錯什麼事。	○		
如果伴侶跟我分手，我會想辦法讓他／她知道，錯過我是他／她的損失（反正一點點小嫉妒無傷大雅）。	○		
如果交往了幾個月的情人想分手，我一開始會覺得受傷，但還是可以放下。		○	
有時候，在我得到在感情中渴望的一切之後，我會不確定自己要什麼。			○
我可以跟前任繼續保持聯絡（只是普通朋友，絕對不會越線），畢竟我們有很多共通點。		○	

改編自法里、沃樂與布內於二〇〇〇年發表的〈修訂版親密關係問卷〉。

現在統計一下各類的勾選數目。

A類風格的勾選總數：

B類風格的勾選總數：

C類風格的勾選總數：

評分關鍵

統計完各類的勾選數量，在其中一類的勾選項目越多，就表示你越表現出該依附風格的特質。A類代表焦慮型依附風格，B類代表安全型依附風格，C類則屬於逃避型依附風格。

焦慮型

你很享受戀人間的親密感，再怎麼親密對你來說都不是問題。但是，你常常憂慮伴侶其實並不想要這麼親密。談戀愛通常會耗費你大半心力。你可以輕易察覺伴侶的心情波動與行為改變，這些感覺大多是準確的，可是你會把任何改變都歸咎於自己。你在感情中容易產生負面情緒，也容易生氣難過，所以你常常做出本來不符合你個性的事，甚至在衝動之下說出事後會後悔的話。但是，只要伴侶給你足夠的慰藉與安全感，你其實可以擺脫執著，感到幸福滿足。

安全型

戀愛中的你會自然而然充滿溫情與愛意。你享受愛情中的親密，也不會過分擔心你們倆的感情。你坦然接受戀情中發生的一切，不會輕易因為感情事而心煩意亂。你能夠有效和伴侶溝通自己的需求與感受，也能夠解讀伴侶的情緒，做出適當的回應。你樂於跟伴侶分享自己的成功與失敗，對方需要你時，也不會吝於伸出援手支持他／她。

逃避型

對你來說，在愛情裡保有獨立自主非常重要，比起親密關係，自由更加珍貴。其實，你也希望擁有親密關係，只不過，你喜歡跟戀人保持一點點距離，因為太過親近只會讓你不自在。你不會花無謂的時間擔心感情問題，也不怕被拒絕。你不輕易對伴侶敞開心胸，因此戀人常常覺得跟你有距離感而抱怨連連。談戀愛時，一旦戀人流露想要控制你的跡象，或是踰越了你的界線，你馬上就會有所警覺。

萬一我還是不確定呢？

大家聽完每一種依附風格的特質後，通常可以馬上辨識自己的依附風格，有些人會立刻告訴我們「我是焦慮型」、「我一定是逃避型」或是「我應該是安全型」。不過，也有些人需要一點時間才能判斷。如果你完成問卷，發現自己在一類以上的得分都很高，那麼可以參考依附風格的兩種向度，判斷自己是哪種依附風格：

♥你對於親密關係的舒適程度（或是試圖避免親密關係的程度）。

♥你對這段戀情的焦慮程度，以及你多擔心對方是否夠愛你、夠關心你。

布內與同事將依附風格畫成圖表，讓你了解自身與其他人的依附風格彼此之間的關係。你在這兩個軸線上的位置，會決定你的依附風格，如下圖所示：

依附風格的兩個向度

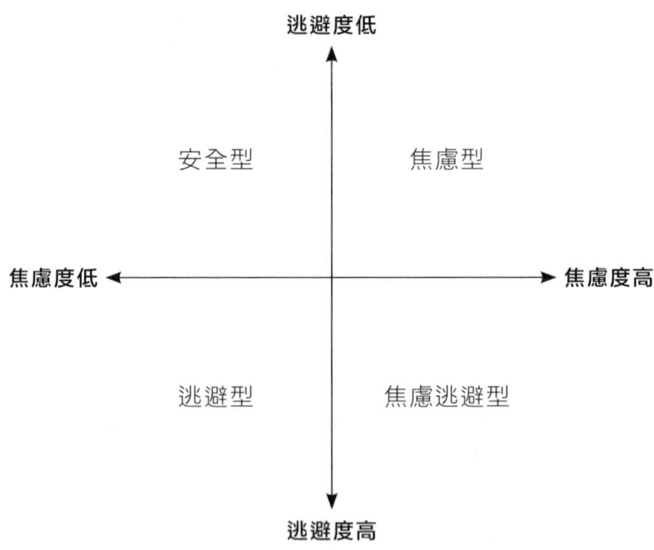

源自布內、克拉克、謝佛的二維依附風格量表（Two Attachment Dimension Scale）

♥如果你很享受與戀人的親密關係（即對於親密感的逃避度低），不會過度沈溺於愛情中，也不會總擔憂情人變心（即對於感情的焦慮度低），而是順其自然，那麼你應該屬於安全型依附風格。

♥如果你渴望與戀人享有親密無間的關係（逃避度低），但是卻對感情的發展極度缺乏安全感，戀人任何一點行為都會讓你產生很大的反應（焦慮度高），你應該屬於焦慮型依附風格。

♥如果你不喜歡與戀人過度親近，認為自由與獨立比愛情更重要（逃避度高），不會太擔心戀人的感受或是對方能否保持承諾（焦慮度低），你應該屬於逃避型依附風格。

♥如果你既不喜歡與戀人過於親密，又擔心戀人對你的感情生變，表示你可能屬於較為罕見的焦慮逃避型依附風格。只有少數人屬於這種風格，如果你是其中之一，那麼本書針對焦慮型與逃避型人士所提出的建議，對你都有幫助。

寶寶說了什麼？

依附風格的分類究竟從何而來？有趣的是，這幾種類型來自對寶寶行為的觀察。最初定義依附風格的人是執行陌生情境實驗的研究者，他們觀察這些孩子（年紀大多在九個月到一歲半之間）在實驗中的行為，看看他們跟父母分開再重聚之後會有什麼反應。

以下簡單介紹兒童依附風格，其中一些反應也會出現在同樣依附風格的成人身上。

1. 焦慮型：媽媽離開房間後，孩子變得極為不安。但是，當媽媽回到房間，孩子的反應卻十分矛盾。一方面，她見到媽媽會很開心，卻也因為媽媽剛才離開她而生氣。這類孩子要花比較久才能恢復平靜，即便她平靜下來也只是暫時的。過一下子，她又會生氣地把媽媽推開，再度開始哭。
2. 安全型：媽媽離開房間後，孩子會表現出明顯的不安，等媽媽回來，孩子會非常開心，迫不及待迎接她的歸來。只要媽媽在身邊，他很快就會受到安撫，平靜下來，繼續投入遊戲。

3. 逃避型：媽媽離開房間時，孩子一副好像什麼事都沒發生似的，等媽媽回來，孩子也沒什麼反應。不管媽媽在不在身邊，孩子都繼續玩自己的遊戲。不過這只是表面，其實，這些孩子的內心一點也不平靜。研究人員發現，在媽媽離去時，這些孩子的心跳也會加速，跟那些表現出焦慮不安的孩子一樣，另外，這些孩子的腎上腺皮質醇（一種壓力賀爾蒙）也升高了。

第四章／第二步：破解伴侶的依附風格

分析自己的依附風格，遠比猜出別人的依附風格簡單多了。首先，你最了解的人就是你自己，談戀愛的時候，無論是你表現在外的行為舉止，還是內心的感受與想法，都是你自己最清楚。再來，你也可以自己做親密關係問卷，判定自己的依附風格。但是，當你交了一位新男友或新女友，你總不能一下子掏出親密關係問卷塞給他們作答，也不太好細細拷問他們的感情史。然而，並不是沒有辦法知道戀人的依附風格。一個人在日常生活中的言行，總會透露一些蛛絲馬跡，只要細心觀察，就可以確認他的依附風格了。

要分析情人的依附風格，最重要的秘訣在於仔細觀察，認真聆聽。在依附理論的研究中，研究人員會把受訪者請到實驗室中，詢問他們的感情，根據受訪者對親密關係的態度、對感情的執著程度，來判定他們的依附風格。但是，根據我們的經驗，這些資訊不一定非要在實驗室中才能取得，只要你留心日常生活的小細節，你也可以得到相同的資訊。

如果你仍在期盼遇見下一段愛情，依附理論將會改變你與新對象的相處模式；如果你已有穩定交往的伴侶，依附理論也會帶給你嶄新的觀點。

如果了解依附風格，你就不會在談戀愛時糾結「對方喜歡我嗎？」這類問題，而是會開始思考「這個人值得我付出真心嗎？」或是「他／她能不能滿足我的情感需求？」是否進入戀愛關係，就成了一道道只有你能做的選擇題，你會開始自問：「這個人有辦法維繫親密關係嗎？他是不是傳遞了矛盾的訊息？還是他真心想要跟我在一起？」

依循本章提供的指引，持之以恆地練習，你判定他人依附風格的能力會漸漸提升，也能越早判斷出來。請記住，當愛情敲門時，人往往會失去客觀的判斷力，此時戀人在我們眼中似乎完美無瑕，任何小瑕疵都變得一點也不重要。然而，處在熱戀期時，最好還是留意戀人傳遞出的每一種訊息，做出適當的處理。只有這樣，你才能知道這個人適不適合你，確保自己的感情走向康莊大道。

閱讀過前幾章，如果你正處於一段感情關係中，應該已經大致猜到伴侶的依附風格了。接下來，你可以利用下列工具，讓自己的技巧更加熟練。了解伴侶的依附風格，可以幫助你更容易掌握在感情中所面臨的挑戰，促進兩人的關係。

問卷：判定伴侶的依附風格

以下問卷，可以幫助你了解伴侶的依附風格。

這份問卷被分為三組，每組列出不同風格的特質，並附上範例。請注意！只要對方大部分時候都符合某個特質，就得把這個特質列入計算。如果對方的行為符合其中一個例子，但沒有全部符合，也須列入計算。閱讀完每一項特質之後，請依據你們的日常互動與對話，來判定對方是否符合該項特質。如果描述越符合，給分就越高。

評分標準

1. 完全不符合。
2. 部分符合。
3. 非常符合。

A組

分數	特質	例子
1 2 3	對你若即若離。	❶看似疏離，卻同時顯得很需要你，讓你深陷其中，無法自拔。 ❷有時候頻繁打電話，有時候卻連一通電話都不打。 ❸常常對你說很多甜言蜜語：「等我們以後住一起……」但過一陣子，卻又表現出你們走不下去的樣子。
1 2 3	很在乎自己的獨立與自由，對於依賴和「黏人」的行為很輕視。	❶「我需要更多空間。」 ❷「我工作太忙了，沒有辦法認真談戀愛。」 ❸「我沒辦法跟不夠獨立自主的人在一起。」
1 2 3	貶低你（或貶低前任），開玩笑也算。	❶笑你很不擅長看地圖，或說你圓滾滾的身材「真可愛」。 ❷曾說他／她以前欣賞某人，後來卻因為外貌條件而被他／她嫌棄。 ❸曾對前任男友或女友不忠。
1 2 3	保持距離（情感上或肢體上都算）。	❶跟前任交往了六年，但是一直分開住。 ❷寧可回自己家睡覺，分床睡，或是兩人蓋各自的被子。 ❸喜歡一個人度假或旅遊。 ❹對兩人的未來沒有清楚規劃，你們下一次見面的時間，或是什麼時候同居，他／她都不給清楚的答案。 ❺你們走在路上時，會走在你的前面。

1 2 3	強調情侶間的界線。	❶讓你覺得他／她很保護家人與朋友，那些人都是他／她的，你不能接觸。 ❷不願意邀請你去他／她家，偏好在你那裡約會。
1 2 3	對愛情有不切實際的浪漫幻想。	❶總是充滿幻想地討論未來會遇到真命天女／真命天子。 ❷把過去某段戀情描述得非常美好，卻從不討論到底跟前任出了什麼問題導致分手。 ❸「我實在很愛前任，不知道自己有沒有辦法這麼愛另一個人。」
1 2 3	對愛情充滿不信任，害怕被情人利用。	❶確信每個跟他／她約會的人，都是想要騙他／她結婚。 ❷害怕戀人會在金錢上佔自己便宜。
1 2 3	愛情觀十分僵化，還有一大堆不容妥協的規則要你遵守。	❶喜歡特定類型的人，例如：面容姣好，身形苗條，或者一定要有一頭閃亮亮的金髮。 ❷堅信情侶最好維持分居，或是不要結婚。 ❸說出以偏概全的言論，例如：「所有男人都……」「所有女人都……」或是「一旦你結婚或同居，就再也回不去了。」 ❹不喜歡講電話，就算那是你們主要聯繫管道也一樣。
1 2 3	爭執產生時，需要逃離現場，不然就會當場爆發。	❶「你知道嗎？這件事就別再提了，我不想再談了。」 ❷憤而起身走出房間。

1 2 3	不說清楚自己的意思，讓你猜測他／她的感受。	❶雖然已經跟你交往很久，卻從不說「我愛你」。 ❷說他／她打算出國一年，卻不談你們的感情要怎麼辦。
1 2 3	絕口不提你們的感情問題。	❶讓你不好意思問對方關於你們未來的問題。 ❷每次跟他／她訴說讓你煩心的事，他總是說：「我很遺憾……」然後……就沒有然後了。 ❸有些話題是他／她的地雷，絕對不能提。

（把第一題至第十一題的分數加總）

A組總分：

B組

分數	特質	例子
1 2 3	可靠、言行一致。	❶相當守信用，約好什麼時候會打電話，就一定會打來。 ❷預先擬定好計畫，確實執行。如果真的沒辦法，也會提前告訴你，向你道歉，提出替代方案。 ❸從不食言，如果他／她做不到，也會跟你好好解釋。

1 2 3	遇到事情會找你一起討論，不會單方面做決定。	❶安排計畫時會跟你討論，在聽到你的建議之前，不會輕易做出決定。 ❷擬定計畫時，會把你的喜好納入考慮，不自以為是。
1 2 3	對感情保有豁達的態度。	❶不認為自己的伴侶一定要滿足某個條件，例如某個年齡、某種類型的外表。 ❷接受感情帶給生活的變化，例如同居、決定是要開共同帳戶還是各管各的。 ❸不會發表偏頗的言論，比如「所有男人都……」「所有女人都……」或是：「一旦結婚或同居，人就變了。」
1 2 3	可以好好溝通感情問題。	❶讓你能夠坦然詢問他／她對這段感情的看法，或是你們倆的未來（即便他／她的回答有可能不是你喜歡的）。 ❷如果介意某件事情會坦白告訴你，不會亂發火，也不會讓你自己一個人瞎猜。
1 2 3	發生爭吵時，願意各退一步，達成共識。	❶盡力設法了解你不開心的原因，並且解決問題。 ❷誤會產生時，不會急著證明自己是對的。
1 2 3	不害怕承諾與依賴。	❶不擔心你會侵犯他／她的個人空間或自由。 ❷不怕戀人「逼婚」，也不擔心對方騙錢。
1 2 3	不把談戀愛當成一件苦差事。	❶不會把自己在感情中的付出與犧牲掛在嘴邊。 ❷即使生活不盡人意（例如工作繁忙或學業繁重），也願意開始一段新戀情。

1 2 3	拉近距離後，親密感會越來越增加（而不是在暫時親密之後突然疏遠）。	❶在你們對彼此掏心掏肺之後，他／她會讓你覺得安心，給你心理上的支持，不會突然冷落你。 ❷上床後，他／她會對你說，你在他／她心中有多重要，而不是只在乎剛剛那場性愛有多美好。
1 2 3	早早就把你介紹給家人與朋友。	他／她想讓你進入他／她的朋友圈。也許他／她不會主動邀請你去見家人，但是只要你提出來，或是邀請他／她去見你的家人，他／她都很樂意照辦。
1 2 3	自然地表達情感。	❶通常會在戀情初期就表達他／她對你的感覺。 ❷絕不吝於說出「我愛你」。
1 2 3	不耍小手段。	❶絕對不會讓你瞎猜，也不會故意做出讓你吃醋的事。 ❷不會計較誰付出比較多，不會說：「我已經打了兩通電話給你了，這次換你打給我。」或是：「上次你讓我等了一整天才回電，所以這次換你等我一整天了。」

（把第一題至第十一題的分數加總）

B組總分：

C組

分數	特質	例子
1 2 3	談戀愛時需要大量親密感。	❶剛開始交往就答應一起度假、同居，或整天黏在一起（雖然他／她不一定會主動提出這些要求）。 ❷非常喜歡肢體接觸，比如牽手、擁抱、親吻。
1 2 3	缺乏安全感，害怕被拒絕。	❶盤問你跟前任的過去，並把自己拿來跟前任比較。 ❷試探你跟前任是否餘情未了。 ❸想盡辦法討好你。 ❹害怕你有天不再愛他／她，或是對他／她失去「性」趣。
1 2 3	沒談戀愛就不快樂。	❶即便他／她沒有明說，但是你知道他／她非常想要找個伴。 ❷有時候跟他／她約會很像在面試，他／她很在意你是否夠格成為未來的伴侶。

1 2 3	為了抓住你的心，或是引起你的注意力而玩弄一些小把戲。	❶如果你幾天沒打電話給他／她，他／她會裝作一副毫不在意的樣子。 ❷他／她會製造一些特殊情境，讓你對他／她產生更大的興趣，或是讓你多花點時間在他／她身上。
1 2 3	不喜歡說出自己在介意什麼，期望你猜他／她的心思。	❶希望你會從小地方觀察出他／她心情不好，但是如果你沒有察覺，他／她就會大發雷霆。
1 2 3	發生衝突時，不會嘗試解決問題，而是鬧脾氣。	❶吵架時威脅要分手，事後又反悔。 ❷從來不把自己的需求說出口，只是一直累積怨氣，直到情緒爆發。
1 2 3	把感情中的所有摩擦，都解讀成你對他／她的不滿。	❶假如他／她舉辦派對，你因為加班而遲到，他／她就會解讀成：「你不想見我的朋友，對吧？」 ❷回家後，你因為疲憊而不想說話，他／她就認為：「你一定不愛我了。」
1 2 3	因為害怕受傷，不主動向你表達感情。	❶你先打電話，他／她才會打給你；你要先表白，他／她才會對你表達愛意（至少剛交往時的模式是這樣）。

分數	項目	例子
1 2 3	對感情十分執著。	❶約會結束後，你回家睡覺，他／她則是回去跟朋友討論你們約會的每一個細節。下次約會，他／她會不經意地提起，哪個朋友說了什麼，另一個朋友又講了什麼。 ❷沒有約會時，他／她可能會打很多通電話、傳很多封簡訊給你；要不就是完全不聞不問，電話不打，簡訊也不寄，非得等你先聯絡他／她不可。 ❸你看得出來他／她經常在想你們這段關係。
1 2 3	害怕一點小事就會毀了你們的感情，認為自己得非常努力，才能維繫這段戀情。	❶他／她可能會說：「我今天打給你好多次，你會不會覺得很煩呀？」或是：「我在你家人面前表現不好，他們一定不喜歡我。」
1 2 3	懷疑你會背叛他／她。	❶他／她會找出你的密碼，登入你的E-mail檢查。 ❷密切追蹤你的動向。 ❸檢查你的個人物品，看看有沒有可疑的蛛絲馬跡。

（把第一題至第十一題的分數加總）

C組總分：

分數量表

(1) 11～17分：分數頗低。你的伴侶並不屬於這個依附風格。
(2) 18～22分：分數普通。你的情人有這個依附風格的傾向。
(3) 23～33分：分數很高。不要懷疑！你的伴侶就是這個依附風格。

根據經驗，問卷中任何一組得分越高，就代表你的伴侶越有那種依附風格的傾向，如果得分為23分或超過23分，代表你的伴侶極有可能是那一種依附風格。如果，你的伴侶有兩組得分差不多高，這兩組可能會是焦慮型與逃避型依附風格，這兩種依附風格的人會產生一些相似的行為，但是行為背後的心理卻是大相逕庭。遇到這種情況，請參考下一節「黃金法則」，幫助你做出最接近事實的判斷。

▪A組的分數達23分以上：你的伴侶屬於逃避型依附風格。

這代表，如果你想得到渴望的親密感，可能不是這麼容易。對安全型與焦慮型來說，親密感是一種基本需求，但逃避型的人並不具備這種需求。雖然逃避型戀人也需要依賴與關愛（他們的大腦也內建依附機制），可是太過親密的關係會讓這類型的人覺得喘不過氣。對於逃避型而言，戀人間的日常互動與對話，像是要看哪一台電視節目、該怎麼教育孩子，都是一次次對於個人空間與獨立性的談判。通常，跟逃避型戀人溝通到最後，往往都是你不得不妥協，因為如果你不照做，他們就會變得很疏離。研究結果顯示，逃避型依附風格的人通常不會找同樣風格的人談戀愛，基本上，兩個逃避型戀人是無法長久的。

▪B組的分數達23分以上：你的伴侶屬於安全型依附風格。

這類型的人十分享受親密關係，但也不會沒事疑神疑鬼，擔心被你拋棄。他們非常善於溝通，知道該怎麼坦白表達自己的想法，又不至於讓別人覺得受到攻擊。與這樣的人交往，你不用特別要求他跟你親近，因為即便你不說，他也會自然而然地靠近你。在這樣的愛情裡，雙方都可以放鬆心情，盡情享受生活，一起成長。安全型戀人非常願意聆聽你的看法與意見，並試著找到兩人都可接受的解決方式。他們似乎天生就知道愛情的真諦，明白伴侶的幸福就等於自己的幸福，反之亦然。安全型的這些優點，讓你能夠放心在他們面前展現最真實的自我，研究顯示：戀愛快不快樂、日子幸不幸福，很大一部分取決於你能不能在愛情裡做自己。

▪C組的得分達23分以上：你的伴侶屬於焦慮型依附風格。

焦慮型戀人渴望親密關係，對感情裡的大小事特別敏感，任何會威脅到感情的風吹草動，對他們而言都是驚天動地的大事。有時候，你無心的舉動會被他們視為感情的威脅，接著他們就會被憂慮所淹沒。糟糕的是，他們又沒辦法好好跟你溝通他們為何焦慮，以為鬧脾氣、上演小劇場就能夠解決問題，造成惡性循環，導致你的伴侶越來越敏感，情緒越來越糟糕。雖然聽起來很嚇人，但是你不用急著提分手，不妨停下來想想，你是否夠敏銳、夠細心，是否有辦法平息對方內心的焦慮。這些都是可以做到的，只要你能搞定戀人的焦慮感，就能贏得他們的心，他們也會對你死心塌地。只要滿足戀人對安全感的基本需求，他／她那顆敏銳的心就會派上用場了，他們能夠察覺到你需要什麼，也會盡心盡力滿足你。更棒的是，他們能學習表達自己的情緒跟焦慮，慢慢地，你需要猜測他們心思的次數就會越來越少。

黃金法則：順利解密，判斷伴侶的依附風格

如果你還是不太確定，請參考下列五條「黃金法則」，準確判斷戀人的依附風格。

第一條：他／她是否在你身上尋找親密感？

這是你要問自己的第一個問題，也是最重要的一個。依附風格的特徵以及外在行為，都源自於對於親密感的態度差異。如果這個答案是否定的，十之八九，你的伴侶屬於逃

避型依附風格；如果答案是肯定的，那麼你的伴侶可能是安全型或是焦慮型（參見第三章，進一步了解依附風格的兩個向度）。在回答這個問題時，千萬不要帶著先入為主的觀念，沒有哪一種個性一定是逃避型，也沒有哪一種人格特質一定是安全型或焦慮型，一個人可能非常自信或極度自負，卻又十分渴望親密感；也可能個性懦弱膽小、一事無成，卻對親密感不屑一顧。所以你該問的是，你的伴侶有沒有任何行為，表現了他／她對親密感的態度。他／她是不是為了逃避親密關係，所以做出（或是不做）某些行為？

假設你目前正與一位女士交往，這位女士離過婚，還帶著前夫的孩子。如果她還不想把你介紹給孩子認識，可能是考慮到孩子的感受，覺得目前孩子還沒有辦法接受媽媽有了新男友，這種考量無可厚非。但是，她也可能是以孩子為藉口，跟你保持一段距離，繼續保有她原本的生活。所以，你得看清事情的全貌，了解她究竟為什麼出現這樣的行為。比如，看看你們交往多久，這段感情有多認真，判斷她這麼保護孩子是不是有道理？如果是在交往初期，這種行為絕對說得通，但如果你們已經交往兩年以上就不見得了。她是否把你介紹給家人或好友？她有沒有考慮過你的感受，好好跟你解釋過，也讓你表達自己的感受？如果以上的答案都是否定的，那麼，她的行為就不是為了孩子著想，只是單純想跟你保持距離。

第二條：衡量他／她對感情的執著程度，以及他／她是否過度擔心被拒絕。

他／她是不是很容易因為你的話而受傷？是否擔憂你們倆的未來？會不會擔心你有天不再愛他就會劈腿？是不是對任何可能代表你疏遠他的行為十分敏感，例如你擅自做了某個決定，沒把他納入考量？如果以上答案都是肯定的，那麼你的伴侶很有可能是焦慮型戀人。

第三條：不能以單一事件判定戀人的依附風格，必須要多項特質符合才算數。

僅憑單一行為、態度或思考，絕對不足以判定伴侶的依附風格。沒有任何一種特質可以決定一個人的依附風格，依附風格是由一連串舉止、處理事情的態度所構成的行為模式。我們得從各方面觀察，才能了解某個人的風格。情人不讓你見她的孩子或許讓你很沮喪，但是如果她願意談談這個話題，聆聽你的挫敗感，並且找到其他方式讓你參與她的生活，這就表示她能夠與伴侶建立親密感。

第四條：看看他／她面對有效溝通方式的反應。

想要判定伴侶依附風格的最好方法，就是勇敢坦承自己的需求、想法與感受！（參見第十一章，了解有效的溝通方法。）談戀愛時，我們經常因為各式各樣的原因而謹言慎行：不想給戀人太多壓力，不想讓他覺得自己太黏人，覺得談論某個話題的時機未到。但是，表達需求與感受是很有用的方式，能夠測試伴侶是否能夠滿足你的需求。伴侶當下的反應會透露許多線索，往往比從他們口中說出來的訊息還有用：

♥如果他／她是安全型依附風格——他會理解你的感受，並盡量滿足你的需求。

♥如果他／她是焦慮型依附風格——你會成為他的榜樣，他會擁抱可以讓你們更親密的機會，並且變得更坦率、更直接。

♥如果他／她是逃避型依附風格——看到你真情流露，想拉近雙方的距離時，他會渾身不自在，可能還會這樣回應：

1. 「你太敏感了！」「你要求真多！」「你太黏人了！」
2. 「我不想討論這個話題。」
3. 「不要對每件事都想這麼多！」
4. 「你到底要我怎麼樣？我又沒錯。」
5. 他／她會姑且考慮你的某個需求，但過不久就把這件事拋到腦後。
6. 「拜託，我說過對不起了嘛。」

第五條：觀察他／她不願意做什麼。

伴侶不願意說的話、不願意做的事，也會透露他的依附特質。相信你的感覺！參考以下的例子：

♥浪漫的跨年夜，羅伯親吻著女友，深情款款地對她說：「我好高興跟你在一起。希望往後的每一個新年，我都能與你一同度過。」羅伯的女友回應了他的吻，但是並沒有回應他的話。兩個月之後，他們分手了。

♥帕妮跟她的男友吉姆正在吵架。帕妮說，他們兩人從來不會事先計畫，如果吉姆可以先告訴她有什麼安排，她會覺得比較安心。吉姆沒有回答她，只是轉移話題，之後依然故我，什麼事都到最後一刻才告訴帕妮。帕妮又提了一次，吉姆依舊我行我素，最後帕妮只好放棄這段感情。

在這兩個案例中，羅伯的女友跟吉姆沒有親口說出的事情，意義反而更加重大。

如何判斷依附風格?統整清單

逃避型

- 傳達矛盾的訊息。
- 極度重視他／她的獨立自主。
- 貶低你（或前任）。
- 保持距離（情感上或肢體上都算）。
- 強調情侶間的界線。
- 對愛情有不切實際的浪漫幻想。
- 對愛情充滿不信任，害怕被情人利用。
- 愛情觀十分僵化，還有一大堆不容妥協的規則要你遵守。

安全型

- 可靠、言行一致。
- 遇到事情會找你一起討論，不會單方面做決定。
- 對感情保有豁達的態度。
- 可以好好溝通感情問題。
- 發生爭吵時，願意各退一步，達成共識。
- 不害怕承諾與依賴。
- 不把維繫感情當成一件苦差事。
- 拉近距離後，親密感會越來越增加（而不是在暫時親密之後突然疏遠）。

焦慮型

- 談戀愛時需要大量親密感。
- 缺乏安全感，害怕被拒絕。
- 沒談戀愛就不快樂。
- 為了抓住你的心，或是引起你的注意力而玩弄一些小把戲。
- 不喜歡說出自己在介意什麼，期望你猜他／她的心思。
- 發生衝突時，不會嘗試解決問題，而是鬧脾氣。
- 把感情中的所有摩擦，都解讀成你對他／她的不滿。
- 因為害怕受傷，不主動向你表達感情。

如何判斷依附風格？統整清單

逃避型	• 爭執產生時，需要逃離現場，不然就會當場爆發。 • 不說清楚自己的意思，讓你猜測他／她的感受。 • 絕口不提你們的感情問題。
安全型	• 早早就把你介紹給家人與朋友。 • 自然地表達情感。 • 不耍小手段。
焦慮型	• 對感情十分執著。 • 害怕一點小事就會毀了你們的感情，認為自己得非常努力，才能維繫這段戀情。 • 懷疑你會背叛他／她。

黃金法則

他／她是否在你身上尋找親密感？

衡量他／她對感情的執著程度，以及他／她是否過度擔心被拒絕。

不能以單一事件判定戀人的依附風格，必須要多項特質符合才算數。

看看他／她面對有效溝通方式的反應。

觀察他／她不願意做什麼。

依附風格剖析練習

以下是好幾個人的「自陳報告」，你能不能判斷每個人的依附風格？如果你想實際測驗看看，就拿一張紙遮住底下的答案。閱讀報告的時候，要記住剛剛介紹的黃金法則，以及每個依附風格的特質（不妨參考前面的統整清單）。

1. 巴里，離婚，46歲

感情？我現在根本不想談這個話題。我還沒從離婚的陰影中走出來。我上一段婚姻並不幸福，所以我現在想要好好彌補自己。我想要女人為我瘋狂，還想享受更多性愛。但是我得小心行事，因為每個跟我約過會的女人，都馬上開始評估我是不是個好父親，會不會善待她的孩子，我們兩個的姓氏合起來念好不好聽。目前，我正在跟凱特琳約會，她在各方面條件都不錯，我們談戀愛將近一年了。我知道要是我們的關係變得更認真她會很開心，但是，我得花很長一段時間，才有辦法再相信一個女人，再次做出承諾，給她我的愛。不過，我很清楚我不想要什麼，哪裡不想妥協。比如說，她必須在經濟上自給自足，因為我的前妻已經把我的錢榨乾了，我可不想再養第二個！我還有其他原則，無論跟誰交往，我都不會輕易妥協。

他的依附風格：

答案：逃避型。你或許會為這個男人辯解，畢竟他剛離婚，謹慎點是非常正常的。也許你說得有道理，但是除非我們找到相反的證據，否則他的依附風格就是屬於逃避型。他說，即便他墜入情網，也會堅持原則，絕不妥協；此外，他覺得自己的獨立與自由非常重要，不會輕易相信別人。請注意，他提到一句「善待她的孩子」，這裡有可能是指對方離過婚，但就算他往後再度結婚生子，他也有可能把孩子視為「她的」，這種用詞拉開了他與伴侶的距離。另外，他還很害怕女人用婚姻束縛他，也怕女人在金錢上占他便宜，把他榨乾。再參考黃金法則第一條：「是否渴望親密感」，很顯然地，他完全不想要親密感。他只說自己想要被一大群女人仰慕，渴望性愛，卻絕口不提情感支持或是親密感。

2. 貝拉，24歲

我跟馬克交往一年半了，日子過得十分幸福快樂。可別誤會，我們的愛情也不是從第一天就這麼順利美好，馬克一開始也讓我煩惱了好一陣子。我們剛開始交往時，馬克的性經驗並不豐富，話說白一點，我甚至還得當他的性愛指導教練。我可不希望自己的性事一輩子不美滿！不過，那些都已經過去了。另外，我的個性比較活潑，馬克是那種認真嚴肅、腳踏實地的男人，說實話，本來我還覺得他這個人太嚴肅了，不適合我。但是現在，我覺得應該沒辦法找到比他更好的人了，馬克既溫柔又可靠，這些特質真的太重要了！我好愛他。

她的依附風格：

答案：安全型。貝拉願意當馬克的指導教練，是判斷貝拉屬於安全型的決定性因素。這顯示貝拉可以清楚表達自己的需求，也可以有效地與伴侶溝通。遇到問題時，貝拉不會選擇逃避，而是勇敢地面對問題，相信自己能夠解決它。如果貝拉是焦慮型，她可能會把馬克拙劣的床上表現，歸咎於自己缺乏魅力，認定自己不夠好，所以馬克才不願意多花點心思取悅她；或者，她可能強顏歡笑，忍受這一切，避免傷害感情。如果貝拉是逃避型，她不會拿馬克床上的表現責怪自己，但是可能因此輕視馬克，並跟他保持距離，當然也不太可能心平氣和地在性愛過程中帶領他。除此之外，貝拉對待感情的態度也相當豁達，即便馬克不是她心目中的完美情人，但是貝拉很快便調整態度，接受馬克原本的樣子，更重要的是，貝拉事後很滿意自己當初的決定。假如她是逃避型，可能還是會妥協，卻會有一種受騙上當的感覺。最後，貝拉能夠坦誠又自在地表達自己有多愛馬克，也顯示她屬於安全型依附風格。

3. 珍妮特，單身，23歲

我終於找到心目中的白馬王子了，他是一個非常棒的人。提姆跟我約了兩次會，我覺得自己已經墜入愛河了。我發現自己只會被特定的男人吸引，找到一個適合自己的人好難，即使找到，對方也喜歡我的機會有多大呢？大概不高吧。所以這一次，我一定要做得很完美，絕不能有一點點失誤，一個小錯誤可能就會毀了整段感情。我不想讓他覺得我太主動，所以我想讓他來主導進展的快慢。也許傳一封簡訊給他沒什麼關係？簡訊應該會讓人覺得滿輕鬆的，只是一時興起而傳的，你覺得呢？或是，我可以轉發一些有趣的 E-mail，把他也加入收件人的名單？

她的依附風格：

答案：焦慮型。珍妮特的依附風格是典型的焦慮型。她渴求親密感，覺得不談戀愛生命就不完整，所以對感情十分執著。無論是哪種依附風格，每個人剛開始談戀愛的時候，都會為這段戀情感到興奮，對情人朝思暮想。但是，珍妮特的情況又更甚於其他人，她覺得感情十分稀有珍貴，如果不小心對待就會破碎，還認為任何小失誤都可能毀了這段愛情。所以，她每一步都瞻前顧後，走得膽戰心驚，確保自己不會犯下任何失誤。此外，她還讓提姆主導這段感情的步調。最後，因為珍妮特很沒有安全感，所以她想了很多種方式暗地接近提姆，但是又不把自己攤在陽光下，例如把提姆加入群組名單，當作寄信給他的藉口。

4. 保羅，單身，37歲

我剛跟阿曼達分手，我非常失望，但其實打從一開始，我就知道自己永遠不會與阿曼達共度一生。我們交往了幾個月，一開始，我還以為自己找到了夢中情人。但是，我慢慢發現，她有一些我無法接受的缺點。首先，我確信她做過整形手術，這讓人實在難以接受。還有，阿曼達不太有自信，這點也讓我反感。一旦我對一個人失去喜歡的感覺，我就沒辦法在她身邊多待一分鐘。我想，我會繼續尋找理想情人，我知道，我的真命天女一定在某個地方等我，無論要花多久時間，我們都能夠找到彼此，過著幸福快樂的日子。我彷彿現在就能看到她美麗的笑靨，感受她溫暖的擁抱。我知道，當我們相遇的那一刻，我就會在她身上感受到前所未有的安定。無論失敗多少次，我都一而再、再而三告訴自己，永遠不要放棄。

他的依附風格：

答案：逃避型。這個案例可能不太好判斷。保羅渴望遇見理想情人，所以他要不是安全型，就是焦慮型，對吧？錯！他對真愛的描述就是個警訊。在解釋自己為什麼還單身時，不同依附風格的人各有各的說法，焦慮型總是把單身歸咎於自己不夠好，安全型則有比較實際客觀的理由，而逃避型就會像保羅這樣，歸咎於外在環境，例如「還沒遇到真命天女」。我們透過這個案例，來檢視一個人實際說出口的話，以及沒有說出口的話，究竟透露了什麼訊息。你可能會覺得奇怪，這個人明明換過很多女朋友，怎麼還是沒找到「對的人」？你得讀懂他們的言外之意。從保羅描述他跟阿曼達的感情，也可以看出一些線索：保羅曾經為阿曼達而瘋狂，但是相處久了之後，他開始挑剔阿曼達的缺點，對她失去了原有的興趣與熱情。逃避型的人有個特質，他們跟一個人越親密，就越會挑這個人的缺點，並且用這些不滿當作理由，漸漸疏遠情人。

5. 洛根，34歲

我這輩子只交過三個女朋友，瑪麗就是第三個。我還記得幾年前我們剛認識時，瑪麗根本不相信我之前只交過兩任女友，不停地追問我的感情史，最後才終於相信，我已經說了所有的事，沒有任何隱瞞。她大惑不解地問我，我戀愛的次數這麼少，難道不覺得遺憾嗎？難道不會寂寞嗎？不擔心一輩子找不到伴嗎？說實話，我從來沒想過會一輩子找不到伴。當然，我也有孤單寂寞的時候，但是我覺得緣分一到，愛情自然就會來敲門。事實也真的是這樣，遇見瑪麗之後，我對她幾乎是一見鍾情，很快就跟她表白了。瑪麗是什麼時候愛上我的呢？我其實不太確定，但是在她回應我的表白之前，我就知道她也已經愛上我了。

他的依附風格：

答案：安全型。這裏有好幾個線索，指出洛根屬於安全型依附風格。他不會過度執著於愛情，也不會害怕孤單寂寞，從這兩點就可以知道，洛根絕對不是焦慮型戀人（不過從洛根的敘述看起來，瑪麗似乎屬於焦慮型依附風格）。但是，他到底是逃避型還是安全型呢？以下幾點可以看出洛根不是逃避型：第一，他似乎很坦白地說出自己的情史，毫不保留，瑪麗的追問也沒有引起他的反感（也不會針對過去的感情故事加油添醋，這是焦慮型會做的事）。第二，他早早就主動跟瑪麗表白，這是安全型依附風格的典型特徵。如果洛根有逃避型戀人的特質，那麼他就會表現出若即若離的樣子。另外，洛根不會在感情上斤斤計較，他不計較瑪麗什麼時候開始愛他，對自己也很誠實，總是按照自己的心意行事，不讓其他狀況干擾他的決定。

6. 蘇珊娜，單身，33歲

又一個情人節過去了！這象徵一個嶄新的開始，我一定要在今年找到可以嫁的男人。我受夠了一個人的日子，受夠回到家面對空無一人的屋子，不想再自己一個人看電影，不想再跟陌生人上床。我一定要在今年找到一個好男人！我曾經非常投入感情，最後落得遍體鱗傷。我一度對愛情感到絕望，覺得自己可能沒有找到好男人的命。但是，我知道自己必須克服心裡的傷痕，我願意抱著視死如歸的精神投入戀愛，願意冒這個風險。我也了解，不歷經風雨，就不會有彩虹，如果我不打開心門，別人哪有機會走進來？我不會再絕望了，我要找到屬於自己的幸福！

她的依附風格：

答案：焦慮型。這個案例的當事人很明顯是一位受過很多次情傷的焦慮型，她一心一意想要找到對的人，不顧一切地想要找到靈魂伴侶，但是，因為不了解依附風格，所以她分不清楚什麼樣的人可以信任。蘇珊娜跟案例4的保羅非常不同，她要找的並不是理想中的完美男人。我們可以大致了解蘇珊娜的情史，還有為什麼她至今尚未遇到真命天子：她在愛情中傷了又傷，但還是渴望親密關係。保羅則不是這樣，他非得先找到心目中的完美女人，才願意發展親密關係。

第二部／生活中的三種依附風格

第五章／與危機第六感共存：焦慮型依附風格

十七世紀著名哲學家巴魯赫．史賓諾莎（Baruch Spinoza）曾說：「我們的快樂與悲傷，全看我們所依戀的人事物是好是壞。」因此，投入一段感情之前，請放聰明一點，好好選個對象，畢竟談戀愛的風險可不小，賭上的可是你的幸福呢！尤其是那些談起戀愛就很容易緊張兮兮的焦慮型戀人，談戀愛的風險特別高。如果不了解自己屬於哪種情感依附模式，很有可能會在戀愛時弄得遍體鱗傷，樂維的同事艾蜜莉就是活生生的例子。

你的感情生活有多混亂，整個人就會有多糟糕

艾蜜莉是一位立志成為精神分析師的女孩，她原本在醫院擔任精神科住院醫生。為了達到精神分析學院的要求，艾蜜莉必須在開始修課之前，先接受精神分析，為期至少一年，每週四次。在做精神分析時，艾蜜莉得躺在沙發上，把腦海中的念頭全部說出來。

一開始，艾蜜莉的表現十分優異，非常冷靜理智，她的精神分析師甚至認為，最多只要兩年，艾蜜莉就可以完成自己的精神分析了，若是如此，那可是開了先例！通常精神分析都得花上四至五年。

然而，這時艾蜜莉邂逅了大衛，很快就傾心於他。大衛是個雄心勃勃的演員，但卻不是什麼好男人。他一直不表明到底要不要跟艾蜜莉交往，那種模稜兩可的態度，不僅擾亂艾蜜莉的心思，也讓她的行為越來越詭異，連生活也大受影響。那時候，我們經常繞著中央公園的大池塘慢跑，艾蜜莉總是隨身帶著工作用的呼叫器與手機（那個年代的手機可是挺笨重的），一下子看看呼叫器，一下子摸摸手機，深怕錯過任何大衛的來電。當時網路剛開始流行，艾蜜莉常在工作時間花好幾個小時掛在網上，追查大衛的行蹤，甚至還辦了個假帳號，裝成別的女孩到大衛常去的聊天室跟他聊天。總而言之，因為大衛，艾蜜莉整個人變得神經兮兮。

艾蜜莉的精神分析師無法理解，為何自己最引以為豪的案主竟然變得如此糟糕。艾蜜莉本來是堅強又自信的女孩，但是現在卻變成「具有自虐傾向的邊緣性人格」。艾蜜莉原本可以早早完成的精神分析，看來會拖上好幾年了。

敏感的情感依附系統

但是，艾蜜莉既不是被虐狂，也沒有邊緣人格障礙，這純粹是有人觸動了艾蜜莉的情感依附系統。像艾蜜莉一樣是焦慮型的人，對於感情中的大小事都非常敏感。前幾章提過，我們腦內的依附風格機制負責追蹤依附對象的一舉一動，確保他們是否安然無恙。如果你是焦慮型戀人，一旦感情有一絲不對勁，你那敏銳的第六感會馬上察覺到威脅，哪怕是一件微不足道的小事，你的敏感神經都會被挑起，非得等到伴侶出現在面前，親耳聽到他／她的承諾，確認你們的感情安然無事，你才能夠安心。屬於其他依附風格的人也會有不安的時候，但是他們不會像焦慮型，一點點小事就鬧得滿城風雨。

為了確認焦慮型戀人的依附系統有多敏銳，伊利諾大學厄巴納－香檳分校的克里斯．法利（他是修訂版親密關係問卷的設計者），與布雷茲巴斯卡大學（位於法國克勒蒙費朗市）的教授寶拉．尼登塔爾（Paula Niedenthal）合作，用一種非常獨特的方式做實驗，發現焦慮型的人特別擅於察言觀色。實驗採用「漸變電影」（morph movie）的技巧，播放一部電腦短片，一開始畫面中會出現一張憤怒的臉孔，隨著影片播放，表情漸漸轉為平靜。受測者被要求，只要發現影片中的臉部表情改變，就要按下暫停鍵。實驗發現，屬於焦慮型的人，通常比其他依附風格的人更早察覺表情改變。接著再進行反向實驗，讓影片中那張臉孔從平靜轉為憤怒，結果顯示，焦慮型更容易比別人早發現表情的變化。這些發現指出，焦慮型真的對他人表現出來的情緒比較敏感，而且正確度、對情感變化的敏銳度都較高。

但是，實驗也指出一項限制：焦慮型雖然可以迅速察覺別人的情緒變化，卻常常太快下結論，誤解那些情緒變化所傳達的訊息。研究者改變規則，做了另一次實驗，這次讓焦慮型受測者在發現表情改變之後稍等片刻，得到更多訊息再進行判斷，在這種情況下，焦慮型的人才比其他依附風格的人有優勢。這對焦慮型的人是很重要的一課：不要太早下結論，只要多等一下，不要立刻下判斷，你就擁有解讀周遭事物的超強能力，你的敏銳將會真正成為你的優勢。但要是魯莽行事，只會讓自己迷失，做出錯誤判斷，甚至傷害到自己。

一旦焦慮型戀人的依附系統開關被打開了，他們滿腦子就只有一個目標：跟伴侶重建親密感。任何因這個目標而衍生的想法，都被我們稱作「拉近戰術」（activating strategies）。

所謂的「拉近戰術」，是指每個驅使你想在生理上或心理上，與伴侶增加親密感的想法或感覺。只要伴侶回應你，重建你的安全感，你就能夠冷靜下來，回到正常狀態。

拉近戰術：驅使你向伴侶尋求親密感的想法與感覺

- 滿腹心思都在伴侶身上，無法集中精神做其他事。
- 只記得對方的優點。
- 把對方當作偶像來崇拜，貶低自己的能力與才能，美化對方的一切。
- 只有跟伴侶聯繫時，才能緩解自己萬分不安的情緒。
- 相信對方就是你的唯一。例如：
  a.「世界上跟我合得來的人那麼少，如果錯過這個人，我要到哪才能找到像他一樣的人呢？」
  b.「我總要花好幾年才能找到新對象，這樣我最後一定會孤單到老。」
- 即便過得不開心，也不願意放手，會有類似以下的想法：
  a. 要是她離開我，一定會成為別人的好伴侶。
  b. 他會改變的。
  c. 每對情侶都有自己的問題，我們又不是例外。

艾蜜莉在跟大衛談戀愛時，依附系統一直處於活躍的狀態。艾蜜莉發現，她在上班時，大衛說他人正在外頭試鏡，實際上卻躲在家裡看了好幾個小時的A片；艾蜜莉還發現，大衛在不同的網路聊天室中與其他女生調情，對象甚至還包括艾蜜莉的假帳號。但是，即便大衛如此糟糕，艾蜜莉卻無法果斷地離開他。她不是不想分手，而是上述的「拉近戰術」讓她割捨不下這段感情，覺得大衛一定會改過自新，沒有一個人是完美的……等等。最後，艾蜜莉過了一年多，才鼓起勇氣斬斷這段孽緣，分手前後很長一段時間，艾蜜莉在精神分析時，大部分的時間都在談論大衛。多年後，艾蜜莉跟一位好男人結婚，身心都恢復得非常好，這時再回顧過去的那段感情，覺得困惑極了，完全不敢相信自己竟然浪費這麼多精神分析的時間，研究自己為什麼做出那些瘋狂舉動。如果艾蜜莉早點遇到一個好男人，一個不會一直挑起她敏感神經的人，她就不必檢測自己是否有「自虐傾向邊緣人格特質」了。

依附系統的運作方式

如果你常常很快就開始依賴別人，神經又十分敏感，好好了解依附系統到底怎麼運作就非常重要了。許多跟艾蜜莉一樣的焦慮型人士，長期處在依附系統十分活躍的情況下，卻毫無所覺。下一頁的圖，能夠說明依附系統的運作原理。

跟大衛談戀愛的那段日子，艾蜜莉的身心都處於危險區，像是在沒有防護網保護的情況下走鋼索，一直焦慮地想要維持情緒的平衡，但依附系統不斷處於惡性循環，長期處於活躍狀態，在少數時候會短暫產生安全感，沒過多久又掉回焦慮的漩渦中。艾蜜莉的思考、感覺、行為，完全被大衛忽冷忽熱的態度所左右，時時刻刻都可以感覺這段感情受到威脅。為了降低危機感，她不斷嘗試縮小與大衛之間的距離。只要能跟大衛在一起，不管是浪費寶貴的工作時間用假身分上網跟大衛聊天，在做精神分析時探討跟大衛的感情，或是在朋友面前滔滔不絕地談論他，艾蜜莉都願意去做。這些看似匪夷所思的行為與想法，其實都是「拉近戰術」，背後的目的只有一個：重建與大衛的親密關係。如果大衛能夠真正陪伴艾蜜莉，就可以在艾蜜莉的「拉近戰術」正要啟動時加以阻止，不至於讓艾蜜莉的情緒失控，這樣艾蜜莉也就不用離開「安全區」了。

現在，艾蜜莉再也不會卡在「危險區」，她的丈夫對艾蜜莉關懷備至，最重要的是，他能給予艾蜜莉需要的陪伴與愛。不過，艾蜜莉依然記得依附系統啟動時爆發出來的力量，萬一艾蜜莉進入另一段關係，遇到另一個忽冷忽熱的情人，艾蜜莉很有可能會重蹈覆轍。一想到這種可能性，她就冷汗直流。

依附系統：找到安全感

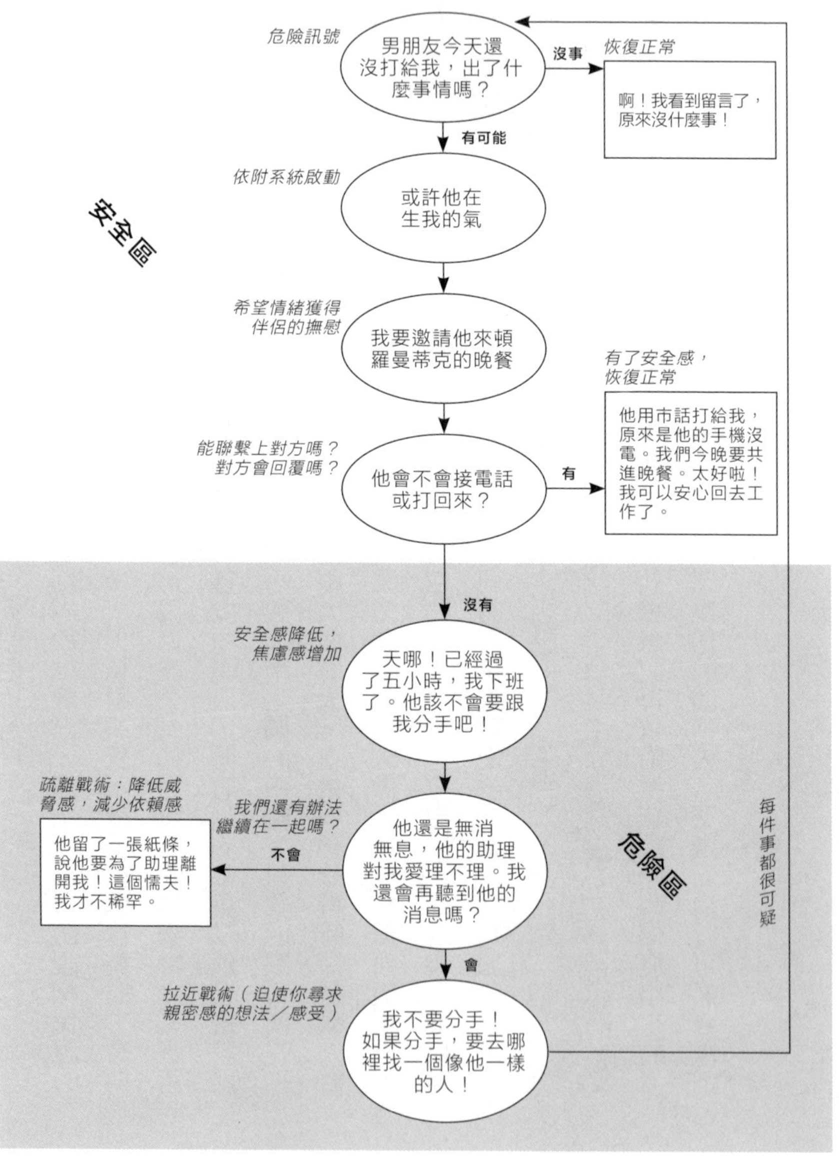
危險訊號
男朋友今天還沒打給我，出了什麼事情嗎？
沒事
恢復正常
啊！我看到留言了，原來沒什麼事！
有可能
依附系統啟動
或許他在生我的氣
安全區
希望情緒獲得伴侶的撫慰
我要邀請他來頓羅曼蒂克的晚餐
有了安全感，恢復正常
他用市話打給我，原來是他的手機沒電。我們今晚要共進晚餐。太好啦！我可以安心回去工作了。
能聯繫上對方嗎？對方會回覆嗎？
他會不會接電話或打回來？
有
沒有
安全感降低，焦慮感增加
天哪！已經過了五小時，我下班了。他該不會要跟我分手吧！
疏離戰術：降低威脅感，減少依賴感
他留了一張紙條，說他要為了助理離開我！這個懦夫！我才不稀罕。
我們還有辦法繼續在一起嗎？
不會
他還是無消無息，他的助理對我愛理不理。我還會再聽到他的消息嗎？
危險區
每件事都很可疑
會
拉近戰術（迫使你尋求親密感的想法／感受）
我不要分手！如果分手，要去哪裡找一個像他一樣的人！

活在感情的舒適圈中：萊恩跟紹娜

萊恩跟紹娜是辦公室情侶，交往幾個月之後，萊恩離開原本的工作，跳槽到一家名聲極佳的大公司，收入頗豐。從此，這對情侶再也無法在工作時間待在一起。萊恩第一次跟新同事出差的時候，非常想念紹娜，打了通電話給她，但是電話響了兩聲就被掛斷。紹娜從來沒有這樣掛過萊恩的電話，所以萊恩十分不安，又撥了一次電話，這次電話直接轉進語音信箱。萊恩沒有留言，腦中想像著紹娜把他電話掛斷然後關機，覺得十分受傷。接下來，萊恩完全沒辦法專心開會，他告訴自己，之後幾天都不要打給她。幸好，一個小時過後，紹娜就傳簡訊跟萊恩道歉，解釋剛才為什麼沒有接電話。原來，當時紹娜的老闆正巧站在她身旁，所以她沒有辦法接。萊恩看到這封簡訊，鬆了一口氣，馬上回電給紹娜。

屬於焦慮型依附風格的萊恩，對任何風吹草動都非常敏感，也細心觀察伴侶的一舉一動。他留心注意電話響了幾聲才轉入語音信箱，也準確推斷出紹娜掛了他的電話，之後又把手機關機，換作其他依附風格的人，可能不會注意到這些細節。萊恩會這麼敏感，是因為他很習慣過去只跟紹娜距離三間辦公室遠，這次是他到新公司後第一次出差。幸好，紹娜的感情模式屬於安全型依附風格，能夠輕鬆自在地面對萊恩的焦慮，迅速解決萊恩的問題，重建親密感，讓萊恩原本一觸即發的依附系統冷靜下來。萊恩跟艾蜜莉都是焦慮型戀人，但是兩人的遭遇卻大不相同，由於萊恩的焦慮即時受到安撫，所以他的依附系統並沒有進入「危險區」。

每當我們對感情產生動搖，其實只需要戀人一個小小的動作，原本焦慮的心就可以平靜下來，例如紹娜的簡訊。但是，一旦你沒有得到伴侶的安撫，對感情的擔憂就會急劇增加，這時候，一封簡訊已經沒辦法解決事情了，伴侶得付出更多，才能讓你的依附系統冷靜下來。所以，越早處理雙方的需求，之後就能花越少的力氣去處理問題。對每個正在談戀愛的人來說，這是非常重要的建議！

以紹娜跟萊恩為例，如果紹娜沒有及時做出回應，萊恩就會一直受到「拉近戰術」的影響，無法專心工作，等到紹娜打給他，萊恩可能會採取「反抗行為」，要不是對紹娜很冷漠，就是大發脾氣，表達不滿。但是，這些行為都會對感情帶來極大的傷害。

表達抗議的方式（反抗行為的例子）

拼命重建情感聯繫

• 打很多通電話、傳很多封簡訊或電子郵件；等待戀人打電話；在對方的辦公室附近徘徊，希望能夠巧遇。

退縮

• 安靜地坐在一旁，假裝忙著閱讀文件，全程不發一語；對伴侶視而不見；跟別人講電話，忽視伴侶。

比較雙方的付出

• 留意戀人過多久才回電話，一定要讓他等上相同的時間，才願意打電話他；兩人發生爭執時，一定要等到對方先低頭，才會卸下冷漠的面具。以萊恩為例，因為紹娜沒有接萊恩的電話，所以萊恩也不留言給她，這種行為就是在比較雙方的付出（如果你不接我電話，我就不留言）。

帶有敵意的舉動

• 在對方跟你說話時翻白眼，往旁邊看，或是起身離開房間（這些帶有敵意的行為，可能會升級為衝突）。

以分手威脅對方

• 可能會說：「我們不適合，我不想要再繼續這樣下去了。」「我就知道我們不適合。」「沒有你，我可以過得更好！」但是，在說這些話的同時，其實希望對方挽留你。

假裝不在乎

• 硬要裝忙，或是擺出一副不可親近的樣子；刻意不接電話，或是明明沒事卻假裝自己有別的計畫。

故意讓戀人吃醋

• 約前任一起吃午餐；跟朋友一起去單身酒吧；告訴伴侶今天有人跟你搭訕。

「反抗行為」是想要引起對方注意、試圖重建情感連結的行為，種類非常多，只要是企圖讓別人注意到你或回應你的行為，都可以是反抗行為。

「反抗行為」跟「拉近戰術」都會讓你做出傷害感情的舉動，因此，學習分辨這些現象，就是非常重要的課題（在第八章提供一份感情清單，可以幫助你看清自己，找出解決感情問題的務實方法）。即便已經分手，反抗行為跟拉近戰術還可能持續很長一段時間。這就是為什麼分手讓人如此傷心欲絕，即便伴侶已經不在身邊，我們的身心卻還是放不下對方，依然試圖贏回他／她的心。雖然理性可能會告訴你，你不該再跟這個人糾纏下去，依附系統卻不一定會聽話。就好像依附系統有自己既定的時間表似的，非得讓你思念著那個人不可，要花上好一段時間才能把對方從心頭抹去。

焦慮型戀人的依附系統特別容易陷入長期活躍的狀態。在一項實驗中，歐姆瑞・吉拉斯（Omri Gillath）、西爾維婭・邦奇（Silvia Bunge）、卡德・魏德肯（Carter Wendelken）與兩位研究依附理論的傑出學者：菲利普・謝佛與馬力歐・米庫林瑟（Mario Mikulincer）合作，找到了很有意思的證據，能證實這個現象。他們要求二十位參與實驗的女性，在腦中回想不同的戀愛情境。透過功能性磁振造影分析，實驗發現，當焦慮型女性想起不愉快的過往，例如吵架、分手或戀人過世，大腦中的情感相關區域就開始運作。至於其他類型的女性，當她們想起悲傷的過往，腦部情感相關區域並不會產生這種變化。除此之外，相較於其他依附風格的女性，焦慮型女性腦部的情緒調節區域（例如眼窩前額皮質），活躍程度較低。換句話說，焦慮型戀人的大腦，對失去與受傷的反應會比其他人強烈，與此同時，大腦中負責控制負面情緒的區域，在這種時候卻沒有正常運作；因此，一旦焦慮型戀人的反應開關被打開，要「關上」的難度比別人大。

對於焦慮型戀人來說，了解依附風格是非常重要的事，關係到他們是否能夠擁有快樂圓滿的感情。

給焦慮型戀人的建議分成兩個部分。第一部分是給還沒有依附對象的人，如果你目前仍單身，那麼一開始就找個安全型戀人，會是最好的選項，如此一來，你可以避免許多麻煩，神奇得跟魔法沒什麼兩樣。不過，想要投入一個安全型戀人的懷抱，可能沒有你想得這麼簡單！本章接下來的內容，會帶領焦慮型的單身男女避開一路上的戀愛陷阱，找到理想的安全戀人。

第二部分的建議，則適用於每個焦慮型依附風格人士，無論是現在已有對象，或是仍在尋覓真愛的人，都可以參考這個建議。簡單來說，你可以重塑依附風格的運作模式，從根本審視自己對愛情的價值觀與信念，學習安全型的感情維繫技巧。這部分的建議，可以參考第三部與第四部。

小撇步，幫助焦慮的你找到對的人

本章一開始提到的艾蜜莉，就是個對依附理論完全不了解的人，不知道自己屬於焦慮型，當然也不知道自己迷戀的大衛屬於逃避型。如果她早一點認識依附風格，就會明白，自己的焦慮是源自於對穩定戀情的渴望，她需要的愛情，是能夠共享親密，相互支持，能夠穩定發展，又能夠長長久久的感情。一段不穩定又若即若離的感情，只會讓她神經緊張又過度執著，一言以蔽之，就是一場大災難。如果能早一點知道，艾蜜莉還會明白，跟逃避型戀人交往只是找自己麻煩，徒增憂慮，而且一點安全感都沒有，不過，安全型的人能夠安撫艾蜜莉容易焦慮的心。儘管依附理論的研究早已證明，焦慮型跟安全型交往會比較順利，但弔詭的是，跟艾蜜莉一樣屬於焦慮型的人，往往選擇跟逃避型戀人交往。為什麼會這樣呢？最重要的是，我們該怎麼避免不必要的心碎，找到自己的幸福？

無可抗拒的吸引力

我們是不是會吸引到特定依附風格的人，或是受特定依附風格所吸引？已經有很多研究探討這個問題。研究成人依附理論的兩位學者：美國馬薩諸塞大學的寶拉．彼得羅莫內克（Paula Pietromonaco）與英國南安普敦大學的凱薩琳．卡爾內立（Katherine Carnelley）發現，逃避型比較喜歡跟焦慮型交往。明尼蘇達大學學者傑佛里．辛普森（Jeffry Simpson）的研究則指出，焦慮型女士往往會與逃避型男士約會。難道，用盡一切手段保障自己自由的人，竟然會找最有可能侵犯他們自主權的人交往？難道渴望親密的人，總是愛上會跟他們保持距離的人？若真是如此，又是為什麼呢？

彼得羅莫內克與卡爾內立認為，這是因為這兩種依附風格在某些地方是互補的，他們在談戀愛時，都再次印證了自己的價值觀與愛情觀。逃避型人士有著充滿防衛的自我認知，認為自己是堅強又獨立的個體，他們會在關係中印證這種自我認知，也認定伴侶想要的親密感會逾越他能接受的界線。焦慮型人士則會確認，伴侶無法滿足他們對親密感的需求，也證實了伴侶最終會令自己失望的預期。所以，從某方面來說，這兩種依附風格的人一直在重複上演相似的愛情劇本。

愛情的雲霄飛車

除了上述原因，焦慮型之所以會被逃避型吸引，可能還有別的緣故。以艾蜜莉為例，從大衛隱約透露的線索中，可以發現他對感情的態度很模稜兩可，也不能經常陪伴艾蜜莉，這讓艾蜜莉很沒有安全感。如果焦慮型的人跟一個逃避型約會，對於這種情況想必不陌生，甚至在交往初期時就會發生了。假如繼續交往下去，沒過多久，焦慮型就會開始感受到對方的矛盾態度，他雖然會打電話給你，卻總讓你等上一段時間；他雖然喜歡你，心卻還沒有定下來。你只能獨自瞎猜他的心思，每當你接收到矛盾的訊息，依附系統就進入備戰狀態，對這段感情的執著度也會上升。但是，他隨後就說些甜言蜜語，或是做出浪漫舉動，總讓你心頭小鹿亂撞，讓你欣喜地告訴自己，他畢竟還是喜歡你的。不幸的是，這種快樂只是曇花一現，沒過多久，對方傳遞的正面訊息又被矛盾訊息所取代，你的心情也隨之跌落谷底，像在坐雲霄飛車一樣，提心吊膽地期待他做出能讓你產生安全感的小動作，安撫你焦慮的心情。過了一段這樣的生活，你會開始出現一些有趣的舉動，慢慢習慣成自然，認為感情裡的種種焦慮、執著、迷戀、總是稍縱即逝的快樂，就是愛情的真實面貌。其實，你只是錯把這種依附系統處於警戒狀態的感受，當成戀愛的激情。

如果你長時間處於這種焦慮與掙扎中，你註定會愛上最不可能讓你幸福的人，長期處於亢奮狀態的依附系統，只會讓你跟理想愛情越離越遠。鮑比與愛因斯沃斯提出好幾個重要論點，其中最重要的一條是：為了成為一個身心健康的人，我們需要穩定的安全基地，這個基地可以給予我們力量與安慰。這種情況的前提是，依附系統得處在平靜又穩定的狀態。

請記住，依附系統亢奮的感覺絕對不是愛情。如果你跟某個人交往，發現在這段感情中的自己極為焦慮、缺乏安全感、過度執著，偶爾才能感受到幸福，就得告訴自己，這只是因為依附系統開始活躍而已，並不是愛！從演化的角度來看，真正的愛情應該要帶來心靈的平靜，「靜河流深」才是愛情的最佳寫照。

如果你是焦慮型，為什麼不該跟逃避型人士交往

焦慮型	逃避型
• 渴望身心上的親密。 • 對任何帶有拒絕意味的訊息，都非常敏感（依附系統容易警戒）。 • 不善於直接表達自己的需求，無法有效溝通，所以改採「反抗行為」。 • 需要被安撫，需要覺得被愛。 • 需要明確了解自己的感情處於什麼狀態。	• 希望在心理或生理上保有距離。 • 釋出前後矛盾的訊息，常常令人覺得是在拒絕。 • 不擅長察言觀色，也不認為那是自己的責任。 • 故意製造距離感，藉此讓他們的依附系統冷靜下來。 • 不喜歡把話說明白。即便你們的愛情是認真的，仍然會有些事情不說清楚。

大數定律：為什麼遇到逃避型人士的機會比較大？

為什麼你交往或約會的對象很可能是逃避型戀人呢？不妨想想下列三點：

♥ 逃避型戀人向一段感情說再見的頻率很高。一項研究發現，在所有離婚後再婚的人當中，逃避型戀人的婚姻再次破裂的可能性較高。除此之外，這種人也擅於壓抑情感，能夠很快就放下對前任的感情，所以分手後，幾乎可以無縫接軌。

結論：逃避型戀人比其他類型更容易回到戀愛市場中，待在戀愛市場上的時間也比較長。

♥ 安全型戀人在找到讓他們願意定下來的人之前，通常也不會談很多次戀愛。一旦定下來，就會建立一段長長久久、相知相惜的戀情。

結論：安全型戀人如果有了穩定交往的對象，很久之後才會回到戀愛市場。

♥ 研究發現，逃避型戀人不太可能跟同類型的人交往，因為同屬於逃避型的兩個人根本無法維繫感情。事實上，研究員看過很多對情侶，卻沒有任何一對同屬逃避型依附風格。

結論：逃避型戀人不會找同類型的人談戀愛，他們比較可能跟不同依附風格的人交往。

現在，把上面提到的線索拼湊起來檢視。

遇到新對象時，這個人屬於逃避型的機率很高，遠高於他們所占的人口比例（逃避型只占人口的四分之一）。其一是他們經常分手，容易回到戀愛市場，再來，他們也不會跟同類型的人談戀愛（即便有，也不會維持太久），加上安全型戀人大多數都已經有穩定交往的對象，所以逃避型跟安全型交往的機率自然也不高。這樣一來，他們能選擇的對象剩下誰呢？你猜對了！像你一樣屬於焦慮型依附風格的人！

當你遇到安全型戀人

假設你成功克服機率上的障礙，幸運遇到一位安全型人士，你會不會明白這是千載難逢的機會？還是會眼睜睜看著機會溜走？幾年前，瑞秋想要撮合好友崔佛跟鄰居克羅伊，正在唸醫學院的崔佛與交往十年的女友分手，想要尋覓新對象。從十八歲到二十八歲，崔佛就只有這麼一個女友，即便崔佛的女友總是對他不滿意，但是他從來沒有想要分手的念頭，最後是他女友提出分手。崔佛傷心了好長一段時間，終於振作起來，準備好尋覓下一段新戀情。其實，崔佛出生在一個教育程度高的富裕家庭，有一張帥氣的臉龐，幽默感十足，還是位優秀的運動員，不僅意志堅強，做事也十分冷靜理智。這樣的他，應該集所有完美戀人的條件於一身了吧？

可惜，事情沒有想像中來得順利。克羅伊依約跟崔佛見了面，卻對他完全沒有感覺。克羅伊承認，崔佛既英俊又瀟灑，但是她沒有怦然心動的感覺。這讓瑞秋十分錯愕，不明白為什麼克羅伊要拒絕崔佛。

如今，我們知道為什麼了：如果你是個焦慮型戀人，那麼你遇到安全型的反應，會跟你遇到逃避型的反應完全相反。安全型戀人總是坦誠直接，不會三心二意，願意敞開雙臂擁抱親密關係，也知道自己值得被愛。他們不會拐彎抹角，不會故作冷淡，更不會釋出模稜兩可的訊息，自然也不會讓你覺得精神緊繃，或是讓你的一顆心懸在半空中。這樣一來，你的依附系統一直處在相對平靜的狀態，但因為你把活躍的依附系統當成愛情，所以你並不會覺得眼前的安全型人士是對的人，反而會覺得平靜的依附系統等於無趣、一成不變。可是，這種謬誤只會讓你與理想戀人失之交臂。

克羅伊的戀愛之路充滿重重阻礙，因為她一直錯把紊亂的依附系統誤當成愛情。最後，克羅伊和一位名叫東尼的男子結婚，東尼看上去十分自信又有魅力，卻總是輕視克羅伊。

幸好，崔佛跟克羅伊都有各自的幸福結局。崔佛並沒有單身太久，他很快就找了一個好對象，交往至今，一起環遊世界，結了婚，也有幾個可愛的孩子，崔佛是個好丈夫，更是一位好爸爸。克羅伊的情路比較坎坷，在跟東尼糾纏幾年之後，終於振作起來，學著跟安全型戀人相處，享受穩定平凡的愛情。她離婚之後，遇到跟崔佛一樣的好男人布魯斯，對克羅伊呵護備至，也願意好好愛克羅伊。

每個人都可以擁有幸福，幸福並不是完全靠運氣決定。秘訣是，不要被感情中的起起伏伏給迷惑，因此錯把依附系統活躍、亢奮的感覺當成愛情。千萬別為了無法關懷你的人心動。

如果你是焦慮型，為什麼應該跟安全型戀人交往

焦慮型戀人	安全型戀人
• 渴望身心上的親密。 • 對任何帶有拒絕意味的訊息，都非常敏感（依附系統容易警戒）。 • 不善於直接表達自己的需求，無法有效溝通，所以改採「反抗行為」。 • 需要被安撫，需要覺得被愛。 • 需要明確了解自己的感情處於什麼狀態。	• 可以自在地跟戀人保持親密，不會把故意疏遠你。 • 言行前後一致、可靠，不會釋出矛盾的訊息讓你難過。如果你因為感情而煩惱，他們知道要怎麼安撫你。 • 把你的快樂放在第一位，盡力讀懂你的一舉一動。 • 在交往初期就能自在跟你分享他們的感受，不會前後不一。 • 非常穩定，也能自在地做出承諾。

要是你聽從坊間暢銷書的約會建議，會發生什麼事？

如果你決定聽從許多戀愛暢銷書的建議，之後會發生什麼事呢？坊間的戀愛暢銷書籍會提供幫助你「釣」到對象的方法，像是：不要讓人覺得你很好約；即便你不忙也要裝忙；千萬不要先打給他，一定要等他先打給你；不要表現得太在乎對方；要保有神秘感……等等。這樣的做法，照理來說是要讓你保有尊嚴與獨立，並且得到對方的尊重。但事實上，你並不是基於自己的真正需求跟感受來行事，你只是偽裝自己，想讓自己看起來堅強又獨立。其實，書上給的建議也沒錯，這些舉動確實能讓你看起來更有魅力；但他們並不知道依附風格，所以書上沒有告訴你，這些舉動會讓特定類型的人更受你吸引，也就是逃避型戀人。為什麼呢？因為這些書鼓勵你忽略自己的真實感受，交出戀愛的主導權，讓另一方決定你們的親密程度與距離，如此一來，逃避型人士既可以享受愛情的甜蜜，又不用負責任。換句話說，他可以享受交往時你對他的付出，品嘗相處時的美好與快樂，卻不用考慮你對安全感與親密感的需求。在戀愛關係中不做自己，等於是允許另一個人按照他的步調決定這段關係的進展，他可以想來就來，想走就走。

另一個問題是，如果說這對你來說只是一場戲，時間一久，你一定會嘗到苦果。首先，你的逃避型戀人一定很快就看穿你，畢竟他們很善於偵測想要侵犯他們自主權的人。

第二，你總有一天會覺得戲演夠了，想要展現出真實的自己。你真正想要的，還是高度的親密與長時間的相處，以及能夠解除自己的所有武裝。但是你會發現，逃避型戀人突然對你冷漠起來，開始拉開彼此的距離。無論怎麼樣，你註定會輸，因為你一開始吸引到的人就不適合你。

給焦慮型戀人的感情忠告

1. 承認並接受自己真實的情感需求。

難道我們是要建議你，用盡所有追求手段，達成伴侶的每一個期望，不斷打電話給他？當然不是，我們推薦的是完全不同的方法。了解焦慮型依附風格之後，你就知道自己在感情中有明確的需求，如果這些情感需求得不到滿足，你就沒辦法真正快樂。該怎麼做，才能找到滿足這些需求的伴侶？首先，你得坦白承認自己需要安全感與親密感，也需要對方花時間陪伴，說服自己相信這些需求都是合情合理的。這些情感需求無關好壞，就只是需求而已，你不需要因為自己的「需要」或「依賴」而有罪惡感。想要靠近伴侶、依賴伴侶，不是什麼見不得人的事，如果你覺得沒有談戀愛就好像少了什麼，也不用因此覺得丟臉。

下一步就是好好利用這些知識。評估你的約會對象，看看他們是否能夠滿足你的需求，不要盲從愛情暢銷書給的建議，老想著自己必須改變才能取悅伴侶。你真正得思考的是：「這個人能不能滿足我的情感需求？」

2. **分辨逃避型人士，及早判他們出局。**

第二步是要儘早分辨誰是逃避型戀人，排除在交往名單之外。這時就是我們的問卷派上用場的時候了，你可以根據問卷，分析出每個人屬於哪種依附風格。除此之外，還有別的辦法讓你判斷對方是不是逃避型人士。柯南・道爾在福爾摩斯系列中創造出一個詞彙，叫做「冒煙的槍口」，用來代稱可以作為決定性證據的物證或事實。可以辨認出逃避型人士的明確指標，我們也稱為「冒煙的槍口」。

判定交往對象是不是逃避型的「冒煙的槍口」

- 釋出矛盾的訊息，不說清楚他對你的感覺，也不表明是否願意做出承諾。
- 期待完美愛情的降臨，但卻暗示不是跟你。
- 迫切想要遇到「完美戀人」，但是不知道為什麼，他總是會找到戀人的缺點，或是基於外在因素不願意做出承諾。

- 不重視你的情緒，即便挑明了告訴他，他還是不當一回事。
- 說你太黏、太敏感或反應過度，不在乎你的感受，讓你再次質疑自己。
- 如果你說的事情造成他的困擾，他會選擇忽視，要不是不回應，就是改變話題。
- 冷酷無情地處理你擔憂的事情，只看事實，不顧及你的感受。
- 聽不進你說的話，雖然你努力跟他溝通，表達你的需求，但他似乎聽不進你的話，或是根本無視。

請注意，我們不能根據某個特定行為就判定依附風格，而是要看一個人的整體態度。假如他對感情的態度曖昧不明，很明顯不把你的情感需求放在心上，就需要有所警覺了。逃避型的人可能時不時會來個甜言蜜語，行為舉止卻透露完全相反的訊息。

本書之後將介紹「有效溝通」，這是很好的工具，能夠解除「冒煙的槍口」。

3. 談戀愛的新方式：好好做自己，並善用有效溝通。

下一步是開始表達你的需求。許多焦慮型人士容易落入兩性書籍或是普遍社會價值觀的陷阱中，覺得自己太咄咄逼人、太黏，所以如果戀人是逃避型，就會試著配合戀人，想要保持距離與界限。他們戴上面具，假裝自己冷靜理智、獨立自主，這樣也比較容易被社會接受。他們藏起自己的真實願望，掩飾自己的不滿足。事實上，這麼做的話，你反而會喪失機會，因為表達需求可以幫助你達成兩個目標。第一，研究顯示，做真正的自己，能夠讓我們感到快樂與滿足，而在戀人眼中，快樂與幸福大概是一件最有魅力的事了。第二（這點也一樣重要），展現出真實的自我，能夠幫助你早點判斷伴侶是否有辦法滿足你的真實需求。不是每個人的感情需求都能和你共存，但沒關係，就讓他們去找想要保持距離感的人吧，你可以去尋找能帶給你快樂的人。

「做你自己」跟「表達自己的需求」究竟是什麼意思？以樂維的案主珍妮特為例，那年，二十八歲的珍妮特跟布萊恩交往一年多，布萊恩卻突然提分手，因為他沒有做好要跟珍妮特認真交往的準備，也需要個人空間。珍妮特傷心欲絕，有好幾個月，她根本沒辦法不想布萊恩，甚至不考慮跟別人約會，因為她覺得自己對布萊恩還念念不忘。半年之後，彷彿是上天聽到她的祈禱，布萊恩打了通電話給珍妮特，想要復合，珍妮特當然心花怒放。他們復合之後，過了幾週，樂維問珍妮特他們交往得如何。珍妮特表示進展很緩慢，她決定把主導權交給布萊恩，就跟珍妮特過去的做法一樣。珍妮特知道布萊恩害怕做出承諾，她不想再把他給嚇跑。

樂維強烈建議，與其重蹈覆轍，這次珍妮特應該清楚表達需求。畢竟，提出復合的人是布萊恩，他必須展現誠意，證明自己改變了，值得珍妮特的愛與付出。樂維建議珍妮特把事情跟布萊恩說清楚，例如：「我非常愛你，我想要確定你會一直支持我，陪伴我。我希望可以每天跟你通電話，而不是只有你方便的時候才打。我不想再偽裝自己，也不希望每天提心吊膽，擔心你離開我。」

但是珍妮特相信，如果她撐夠久，給布萊恩足夠的空間跟時間，有一天布萊恩一定會感激她的付出。她以為，只要她繼續維持冷靜自信的外表，布萊恩會更覺得她有魅力。然而，一如我們所料，珍妮特與布萊恩的關係慢慢惡化，終於淡掉了。他越來越少打給她，在感情中仍舊隨心所欲，最後連正式的分手都沒提就不見了。如果珍妮特勇敢做自己，使用有效的溝通來表達她的感覺和需要，她就能早點結束悲傷的折磨，了解自己已經努力過了，是布萊恩不能滿足她的需求；也或者，布萊恩一開始就會明白，如果他想要認真復合，他就必須付出更多，把珍妮特的需求納入考量，如此一來，他會知道該預期什麼，不需要費心猜測珍妮特的心思。

如果想知道如何運用有效溝通，把自己的心聲說出來，請見第十一章。

4. 天涯何處無芳草。

如前所述，單身的逃避型人士數量多得不成比例。想成功在茫茫人海中，挑到那個對的人，還有另一個好辦法，我們稱之為「天涯何處無芳草」哲學（意思就是，海裡面有這麼多條魚，何必為了一條魚而放棄整片大海）。要知道，世界上還有許多特別又優秀的人，他們可能就是你的真命天子或真命天女。試著給其他人一個機會吧，別早早就死心眼地認定一個人，記得要避開逃避型戀人。

這代表，你必須改變自己容易焦慮的思考模式。你可能會自己嚇自己，覺得很難遇到一個適合自己的人，但實情不一定如此，世界上還有很多有魅力又有內涵的人，可以為你帶來幸福。不過，世界上也有很多不適合你的人，你唯有走出去多多認識不同的人，才能確保有朝一日，會找到自己的靈魂伴侶。這是單純的機率問題：認識越多人，就越有機會找到適合你的人。

但是，談戀愛也不只是機率問題那麼簡單。如果你的依附風格屬於焦慮型，你可能會很快就產生依附感，即便你們之間只有性吸引力。也許你只是和對方共度一晚美好春宵，甚至是一個熱情的吻，接著就如野火燎原，一發不可收拾，你已經沒辦法把這個人從心頭抹去了。你現在已經知道，一旦依附系統產生反應，你就會渴求親密感，甚至在你真正了解他／她、還不確定是否真的喜歡對方之前，就不惜一切代價去親近他／她。

如果你眼中只容得下一個人，那麼你在認識初期就會失去判斷能力，無法好好判斷這個人是不是真的適合你。

記住「天涯何處無芳草」哲學，能讓你保有判斷能力，更客觀評估可能的候選人。這麼作能夠降低依附系統的敏感度，安撫自己的神經，如此一來，你的依附系統就不會輕易被一個特定的人啟動，因為依附系統忙著評估各式各樣的人選，你就不至於這麼容易迷戀一個人了。如果有人讓你感受不到安全感，或是讓你覺得自卑，你可以迅速判這個人出局，因為你沒有把全部的希望寄託在他／她身上。既然你還有這麼多人選，他們又更珍惜你，為什麼要花時間在一個對你不好的人身上呢？

在網際網路跟社交網站當道的時代，要認識很多人變成一件很容易的事，把自己的需要跟期望講清楚也變得比較簡單了。你再也不用擔心，表達自己的需求會把好不容易到手的幸福給嚇跑，你再也不用小心翼翼，不用隱藏真實的感受。這樣一來，你就能在陷入愛河前看出誰能滿足你的情感需求。

對於三十一歲的妮琪來說，這種找對象的方式就跟魔法一樣有效！妮琪是個極富魅力的女子，處事圓融，聰明機智，談起戀愛卻總是撐不過幾週，甚至撐不了幾天。妮琪屬於焦慮型依附風格，又是高度敏感的類型。她渴望親密關係，但是又確信自己永遠無法遇到對的人，結果孤單寂寞成了自我實現的預言。

妮琪談戀愛的時候非常敏感，很容易受傷，而且會武裝自己，像是不回電話、不理對方（採取反抗行為），直到感情走進死胡同為止。之後，她會開始折磨自己，在腦中一遍遍回想所有的事情（也就是拉近戰術），要她放下感情非常困難。此外，因為她故意疏遠，不打電話，妮琪總是吸引到一票逃避型人士，因為他們享受缺乏溝通的戀情，但是妮琪並不快樂。

最後，妮琪聽從我們的建議，請朋友幫她留意合適的交往對象，自己也註冊了好幾個線上交友網站，她開始認識新朋友，提高遇到白馬王子（安全型戀人）的機率。由於一下子認識許多人的關係，妮琪再也沒辦法花上大把時間去擔心某個特定人士，對待愛情的態度就此改變。在這之前，妮琪把每個交往對象都當成獲得幸福的最後機會（妮琪的標準可是很高的），現在妮琪才發現原來還有很多人選。這並不代表妮琪再也沒有嘗過失望的滋味，有些男人會基於不同原因，在第一次見面之後就被妮琪打槍。但是，妮琪的思考模式改變了，對待感情不再像過去那般焦慮萬分：

- 妮琪終於發現，即便某些人不適合她，不過很多人都覺得她很有魅力。所以，要是約會失敗，妮琪再也不會歸咎於自己，覺得是自己有根深蒂固的問題。她的自信大幅提升，整個人神采奕奕。
- 當妮琪欣賞的對象開始冷淡、疏遠她，妮琪比較能夠放手，不繼續浪費寶貴時間在對方身上。她告訴自己：「只不過是這個人不適合我罷了，下一個可能就是對的人。」

♥ 即便她遇見非常欣賞的對象，也不再像過去極度迷戀，較少使用「反抗行為」。她不再像過去一樣過度敏感、繃緊神經，也就不至於做出容易破壞關係的舉止。

妮琪展開約會實驗的一年後，她遇到了喬治。喬治是個暖男，而且相當欣賞妮琪，妮琪選擇打開心門接納喬治，坦白展現自己脆弱的一面。那陣子她常常開玩笑說，命運的轉折真是出乎意料（雖然她知道，自己其實採取了積極的行動來改變命運），在她那些有長期交往對象的朋友裡面，她的戀情反而是最快樂、最穩定的！

5. 給安全型人士一個機會。

如果你遇到合適的對象，卻無法把握機會，那即便有再多人選都沒有意義。假如你遇到安全型人士，記得不要衝動地馬上判定這個人是否適合你。請提醒自己，剛開始，你可能覺得這個人很無趣，因為依附系統平靜無波，缺乏刺激的小劇場。不過，請給這段感情一個機會！如果你是焦慮型人士，很可能誤以為平淡的感情等於雙方不受彼此吸引，這種經年累月的習慣很難修正。但是，只要你願意多嘗試一下，你會開始欣賞感情中平淡的幸福，也會享受到冷靜的依附系統所帶來的好處。

注意：依附風格的刻板印象

假如用性別來劃分不同依附風格人士的行為，很容易落入一個常見的思考陷阱，誤以為逃避型的行為就等於男子氣概的展現。然而研究結果證實，許多男人根本和逃避型依附沾不上邊，他們可以自在地溝通，願意愛人，也願意投入感情，不會掩飾自己，更不會在兩人爭執時疏遠對方，還會一直提供伴侶需要的陪伴與支持（也就是安全型戀人）。另一個常見的誤解是，把焦慮型依附風格跟女性特質劃上等號，但事實上，多數女性都是安全型戀人，也有很多男性屬於焦慮型依附風格。然而，我們也要謹記，逃避型的人當中有不少女性。談到依附風格跟性別的關係時，請務必記住，其實大多數男性跟女性都是屬於安全型風格。

最後的忠告

最後，我們要給焦慮型依附風格的讀者一句忠告。依附理論對焦慮型人士的幫助非常大，大過其他依附風格人士，無論你是男是女都可以因此受惠。雖然你遇到不對的人會吃盡苦頭，依附系統也比別人敏感許多，但是只要了解依附系統的運作方式，你就可以從中得到最佳利益，使你明白怎樣的愛情才會讓你幸福，哪種情況則會讓你情緒崩潰。我們曾見證許多人原本在孤單寂寞中掙扎，但在運用這個章節介紹的技巧之後，終於找到渴望已久的愛情；我們也見證許多人本來在情海載浮載沈，無法下定決心斬斷情絲，但是當他們實踐依附理論之後，就順利邁入親密關係的新階段，展開一段具有安全感的戀情。

第六章／與愛保持適當距離：逃避型依附風格

獨自旅行的人

大多數人都很欽佩獨自出去闖蕩世界的人，他們彷彿自由自在，無牽無掛，不認為自己需要面對或考量他人的需求。從電影《阿甘正傳》中的虛構主角，到現實生活中像動物學家黛安．弗西（Dian Fossey）這樣的先驅，獨自旅行的人多半擁有堅定的原則與基於特定信念的動機。

克拉庫爾（Jon Krakauer）的暢銷小說《阿拉斯加之死》（*Into the Wild*）中，主角克里斯．麥克肯多斯是一名二十出頭的學生，成績優異，又是體育好手，卻拋下本來的生活，前往阿拉斯加的荒野。克里斯獨自旅行，沒帶什麼裝備，朝著阿拉斯加前進，目標是不靠其他人的幫助，在這片土地自行求生。他在旅途中遇到一些人，他們都邀請克里斯進入自己的生命，像是願意收養他的老先生，愛上他的少女，一對邀請他同住的夫妻……然而，克里斯始終堅持獨自一人。

克里斯在抵達目的地之前，一名叫做加利安的男人順路載他一程，這也是他最後一次和其他人互動：

開往南邊山區的路上，加利安一再勸告艾力克斯（克里斯的假名）放棄他的計畫，卻徒勞無功。加利安甚至提議要載他到安克拉治，替他買些適當的裝備。艾力克斯回答：「不用，但還是謝了，我現在有的夠用了。」加利安又問，艾力克斯的親朋好友是否知道他的計畫？要是他遇到麻煩或太久沒有消息時，會不會有人求援？但艾力克斯平靜地回答，沒有，沒人知道他的計畫，而且他已經將近三年沒跟家人聯繫了。他向加利安保證：「我非常肯定，我絕對不會遇到一個人沒辦法應付的事情。」

與加利安道別之後，克里斯穿過結冰的河流，深入樹林之中，到一個與外界完全隔絕的地方。有好幾個月的時間，他自力更生，到處覓食、打獵。隔年春天，他打算回家，卻發現雨水和融雪造成河水暴漲，水流太強，沒辦法渡河回到文明社會。克里斯別無選擇，只好回到基地，最終在那裡死去。在生命的最後幾天，他在日記這樣寫：「快樂要分享才會真實。」

為逃避型戀人打個比喻，他們就像在人生與感情旅途中獨自旅行的人。這一類的人就像克里斯一樣，認為自給自足的生活才是理想，而且輕視對他人的倚賴。如果你也是逃避型戀人，那麼克里斯最後領悟到的教訓，正是你獲得幸福的關鍵：人生經驗要與他人分享才有意義。

這一章會說明，像你這樣的獨行俠會用哪些方式，想辦法跟人保持距離，就算對方是你愛的人也一樣。我們會幫助你看清為何自己在關係中做出這些行為，同時了解這種模式會阻礙你找到真正的幸福。如果你屬於其他依附風格，那麼你也有可能認識逃避型的人，說不定甚至會和他們交往，這一章的內容有助於你了解他們的行為模式。

生存上的優勢無法讓你得到愛

有一項假設是，之所以產生不同類型的依附風格，是為了提高人類在特定環境下的生存機率。安全型依附最利於生存，因為回顧整個歷史，我們的祖先大都生活在關係緊密的群體中，分工合作最能成功保障自己與子孫的未來。不過，為了確保物種在任何可能的環境中仍然得以存活，做法一定不能只有一種。有些人出生在艱困的時局，大量人口死於飢荒、疾病、天災，這時候，發展出合作之外的技能就變得非常重要。在惡劣的環境中，能夠脫離群體並自給自足的人，更能成功爭取有限的資源。因此，一部分人口便繼承了逃避型的依附風格。

但很不幸地，對整體人類而言較易生存的優勢，對於不同的個體而言卻不見得有用。若克里斯願意與他人合作，他很可能到今天還活著。事實上，研究顯示，逃避型人士在一段感情中通常屬於比較不快樂的一方，也比較得不到滿足。

好消息是，你不一定只能認命，你不必成為自然演化力量的奴隸。你可以學習那些天生就缺少的特質，談一段充滿收穫的感情。

獨自翱翔？

一定要記得，逃避型依附風格是藏不了的，這種依附風格決定了你對關係的期待，你如何解讀浪漫場合，以及你如何與約會對象或伴侶相處。不管你現在是單身還是有伴，你總是千方百計與人維持一定的距離，就算這段關係很認真也一樣。

蘇珊就屬於逃避型戀人，她形容自己擁有自由的靈魂。她談過戀愛，有時關係會維持超過一年，但最後總是以厭倦伴侶收場，接著尋找下一名俘虜，並且會用開玩笑的語氣談到她拋下的「那些破碎的心」。蘇珊把情感需求視為弱點，看到那些依靠伴侶的人總是很不屑，諷刺地說，這種感情狀態和坐牢沒兩樣。

像蘇珊這樣的逃避型人士，是否完全不需要與伴侶建立親密感？如果是這樣，不就跟依附理論的大前提抵觸了嗎？畢竟，依附理論的前提是，所有人都需要與配偶或戀人建立肢體與情感上的親密感，不是嗎？

要回答這些問題並不容易。逃避型人士的心思並不容易讀懂，他們習慣壓抑情緒，不願意表達。這時候，就輪到依附理論派上用場了。透過縝密的研究方法，不少研究深入人們的意識，挖掘深層動機。有時逃避型人士無法透過直接溝通來突破心房，這時候，這類研究方法就能成功達成目標。以下幾個實驗，能帶我們一窺逃避型的心理。

有六項分別獨立進行的實驗，探討逃避型的人是否能夠處理依附議題，方法是請受試者回報螢幕上閃過的單字，計算他們需要多長的反應時間。這項實驗是建立在一個大前提之上：受試者回報某個字的速度，會反映出他對於相關主題有多熟悉。研究發現，逃避型受試者比其他人更快說出「需要」、「糾纏」之類的詞（這些詞都與他們所認為的伴侶負面特質有關），相較之下，他們對於「分手」、「爭吵」、「失去」等詞彙反應比較慢（這些詞與他們對於依附關係的擔憂有關）。這似乎顯示，逃避型的人很容易對伴侶產生負面想法，認為伴侶太黏人、太依賴（逃避型戀人經常這樣看待感情），卻忽略自己對關係的需要和恐懼。他們似乎很瞧不起很依附伴侶的人，好像對這類需求完全免疫。然而，事實真的是這樣嗎？

在這些研究的第二部分，研究人員另外給予受試者一項任務，轉移他們的注意力，例如：一面繼續進行認字實驗，一面要他們解開某道題目或回應另一個指令。在這些情況中，當那些與感情憂慮有關的單字出現，例如「分手」、「失去」、「死亡」，逃避型受試者的反應就和其他人一樣快。由於受試者被額外的任務轉移了注意力，壓抑情感的能力隨之降低，他們真正的依附情感與擔憂才浮現出來。

這些實驗結果顯示，即便你是逃避型人士，你的情感「運作機制」還是正常的，在面對分離時你也一樣脆弱。然而，唯有在你措手不及，需要把精神花在其他地方的時候，這些情緒與感受才會浮現。

這些研究告訴我們，像蘇珊這樣的逃避型並非真的擁有自由的靈魂，他們只不過是採取防禦姿態，讓自己看起來自由自在。從蘇珊的說法當中，可以看出她輕視那些依賴伴侶的人。但有其他研究發現，當生命中發生重大事件，像是離婚、生下重度殘障的孩子、受到戰爭創傷等等，在面對巨大壓力時，逃避型人士所建立的防禦機制很快會崩解，接著，他們的表現和行為就與焦慮型人士沒什麼兩樣。

在一起卻像分開：這種妥協無法滿足任何人

那麼，逃避型戀人是如何壓抑自己的依附需求，並在關係中保持距離？以下就來瞧瞧逃避型人士在日常生活中的疏離戰術（deactivating strategies），以及支配他們人生的觀念與信念。

♥ 四十一歲的麥可有個交往五年的對象，但伴侶在他眼中不如自己聰明。他們非常相愛，不過麥可心裡總是藏著對這段關係的不滿，一直認為少了什麼，也覺得更好的對象可能下一秒就會出現。

♥ 三十一歲的凱亞與男朋友同居兩年，卻仍然很懷念單身時的自由自在。她好像完全忘了，其實自己單身的時光非常孤單、憂鬱。

♥ 斯塔夫羅斯今年四十歲，是個外表英俊、個性溫和的企業家。他非常想要結婚生子，而且很清楚理想妻子的條件，一定要年輕（不超過二十八歲）、漂亮、熱愛工作，最重要的條件是，必須願意和他一起搬回遠在希臘的家鄉。他十多年來不斷約會，但是仍然沒有找到理想中的她。

♥ 湯姆四十九歲，與他曾經全心愛慕的女人結婚十年，現在卻覺得被婚姻困住。他會抓住所有機會單獨行動，像是一個人旅行，或是與男性友人一起參加活動。

這些人都有一個共通點：屬於逃避型依附風格。就算身處一段關係裡，他們內心深處還是覺得自己是一個人。安全型戀人可以輕鬆接納伴侶的優缺點，仰賴對方，相信對方是獨一無二的，但是對逃避型戀人來說，培養這種態度簡直是人生中一大挑戰。如果你是逃避型人士，你能夠與戀愛對象建立關係，但永遠會在心中保持距離，為自己留下逃生路線。與他人保持親密、感覺到生命因另一個人而完整，就如同找到自己的歸宿，但對你而言，要維持這種狀態卻相當困難。

疏離戰術：跟伴侶保持一定距離的技巧

麥可、凱亞、斯塔夫羅斯、湯姆等四人疏遠伴侶的方法不盡相同，不過都屬於「疏離戰術」，這是指用來壓抑親密狀態的行為或想法，這會制止讓我們想要與心愛伴侶更親近的情感依附系統。還記得前面提過的實驗嗎？研究顯示，逃避型人士確實需要在關係中的親密感，卻一致壓抑這種需求。逃避型戀人就是透過疏離戰術，每天都壓抑自己的情感需求。

仔細看看以下所列的「疏離戰術」。你越常使用這些技巧，越容易覺得孤單，在感情中也會越不快樂。

常見的疏離戰術

- 你可能會說（或有這樣的想法）：「我還沒準備好定下來。」卻繼續維持這段感情，搞不好還維持許多年。
- 注意伴侶不完美的小地方，像是他／她說話、打扮、吃飯……（自由發揮）的方式，讓這些小事破壞了戀愛的感覺。
- 仍然因為前男友／前女友而憔悴心傷。我們稱之為「對不真實舊愛的迷戀」，稍後會詳談部分。
- 跟其他人打情罵俏。這會讓伴侶感到不安，帶來相當大的傷害。
- 總是不說「我愛你」，卻暗示你對伴侶有感情。
- 在關係進展順利時突然抽身，例如：結束一次親密的約會，但接下來幾天都不聯絡。
- 選擇沒有共同未來的對象，例如已婚人士。
- 在伴侶跟你說話時腦袋自動登出。
- 守住一些秘密，讓事情保持神秘，藉此維持獨立自主的感覺。
- 避免親密的肢體碰觸。例如：不想和伴侶睡同一張床，不願意發生性行為，走路時總是比伴侶快上好幾步。

如果你是逃避型人士，你會下意識使用疏離戰術，確保你愛的人（或者將愛上的人）不會干涉你的自主性。然而，到頭來，你會發現這些方法反倒阻礙你從感情裡獲得幸福。光靠疏離戰術並不足以控制依附，這些戰術只是冰山一角而已。身為逃避型戀人，你的心是由特定的重大感情觀與信念所主導，不僅切斷你與伴侶的緊密連結，也會阻礙你獲得快樂。

讓你無法融入群體的思考模式

身為逃避型，你會用跟其他依附風格不同的方式，來解讀伴侶的話語和行為。而且，你對於這種毫無幫助的思考模式毫無所覺。

誤以為靠自己就是獨立的表現

喬（二十九歲）表示：「在我成長過程中，父親總是叫我不要依靠任何人，一直跟我說：『你只能靠自己！』後來這句話有如咒語一般，在我腦海重複播放。在接受第一次心理治療以前，我從沒懷疑過這句話的真實性。『感情？誰需要感情？』我對心理醫師說，『我只能依靠自己，為什麼要浪費時間跟某個人在一起？』心理醫師讓我看清事實。他說：『真是胡說！你當然可以依靠其他人，也應該依靠別人。其實你已經會這麼做了，每個人都需要其他人。』我簡直如夢初醒，很清楚他是對的。現在我知道可以放手，不必執著於這種孤立自己的想法，真的大大鬆了一口氣。」

喬確信他只能依靠自己，因此經歷了許多孤單的時刻，這種經驗並不是他獨有的。研究顯示，這種必須自食其力的信念，代表在與他人親密時會不太自在。雖然逃避型人士很有信心，覺得自己不需要其他人，這種信念其實會讓他們付出代價。在測量每一種人際關係的親近程度時，逃避型的分數都最低。他們比較不願意揭露自己的內心，面對親密關係時較不自在，也比較不會向他人尋求幫助。

從喬的說法可以清楚看出，這種必須依靠自己的堅決信念，帶來的不是好處，比較像是負擔。在戀愛關係中，這會讓你很難與伴侶親近、分享私密的事情，也很難真正了解伴侶的想法。許多逃避型戀人誤以為追求獨立等於只靠自己，雖然獨立自主的能力非常重要，但是如果一味只靠自己，我們就是否定了他人支持的重要性，也就切斷了獲得援手的機會。

只靠自己的另一個問題，在於過度重視「自己」這個部分。你會因此忽略伴侶的需要，只關心自己的需求。和他人建立緊密連結，產生歸屬感，能帶來莫大的喜悅，如果你想著只靠自己，就會讓你和你愛的人無法體會這份快樂。

只看得見蘋果裡的蟲

「只看見蘋果裡的蟲，卻看不見蘋果。」這是另一種會讓你與伴侶保持距離的思考模式。卡蘿與鮑伯交往了九個月，卻發現自己越來越不快樂。她覺得鮑伯是「錯的人」，還找了一大堆理由：鮑伯不如她聰明，不夠精明，太黏著她，而且她不喜歡鮑伯的穿衣品味，也不欣賞他跟其他人互動的方式。但是，她又在鮑伯身上感受到其他男生沒有的溫柔。鮑伯讓她感到安全、被接納，送給她好多禮物，更以無盡的耐心來面對她的寡言、情緒、責怪。即便如此，卡蘿還是很想要離開鮑伯，總是說：「我們走不下去的。」最後，兩人終究分手。過了幾個月，卡蘿驚訝地發現，少了鮑伯的生活變得好難度過，她好寂寞、憂鬱又心碎，哀傷地說這段逝去的感情是她談過最美好的戀愛。

卡蘿的經歷經常發生在逃避型人士身上。只要談到現任伴侶，他們總是看到杯裡少了半杯水，卻看不見裝著的半杯水。以色列跨領域學院心理學院院長米庫林瑟教授，與過去在以色列巴伊蘭大學心理系的同事弗洛里安（Victor Florian）和希施貝格爾（Gilad Hirschberger），共同做了一份研究，請夫妻或情侶寫日記。他們注意到，逃避型的人給予伴侶的評價比其他人更負面，此外，就算他們在其中幾天的日記中，寫到伴侶給予的支持、溫暖、關心，他們的態度依然沒有比較正面。米庫林瑟解釋，這是因為逃避型戀人輕視情感連結，如果發生與他們的信念相牴觸的行為，比如伴侶發自內心地付出愛與關心，逃避型戀人會直接忽略這些行為，至少會否定這種行為的價值。

談戀愛的時候，卡蘿使用多種疏離戰術，總是只看鮑伯的缺點，雖然她知道男友有許多優點，卻還是一直注意在她眼中挑剔不完的瑕疵。等到兩人分手，她不再因過度親密而倍感威脅，卡蘿才卸下防禦機制，看清鮑伯的優點，也才真正接納內心深處壓抑的依附感受，這些感情其實一直都在。

注意：解讀徵兆

想像一下，你是一名新手父母，不管再怎麼努力都無法了解嬰兒想表達什麼，不知道孩子是餓了還是累了，需要人抱還是不要人抱，尿布濕了還是身體不舒服。在這種情況下，你和孩子的生活一定非常辛苦，孩子要更努力表達（也要哭得更久），才能讓人了解他的需要。

作為逃避型戀人，你可能常常有這樣的感受。你不太會解讀日常相處中接收到的語言或肢體訊息，也沒辦法深入了解伴侶的心理狀態。問題在於，除了凡事只靠自己的態度，你也訓練自己不去在意親近之人的感受，你認為這不是你該管的事，他們應該顧好自己的情緒。這種漠不關心的態度，經常導致逃避型戀人的伴侶埋怨沒有得到足夠的情感支持，更會削弱感情中的連結、溫暖、滿足感。

美國明尼蘇達大學心理系教授傑佛里．辛普森曾進行一項研究，探討成人的依附傾向是否與感情的運作與健康程度相關，特別是感情不睦的時候。他也探討人們發揮同理心的準確度，也就是人們是否能正確判斷伴侶的感受。他與德州農工大學的史蒂夫．羅萊斯（Steve Rholes）進行一項實驗，看看不同依附類型的人在推測伴侶想法時，準確度是否有所差異。他們請受測者在自己的伴侶面前檢視異性的照片，根據照片中人物的魅力與性感程度加以評分，接著再請受測者評估伴侶在自己評分時的反應。實驗結果顯示，比起焦慮型戀人，逃避型戀人比較無法正確地判斷伴侶的想法與感受。逃避型戀人大多認為，當自己將異性評為非常有魅力的時候，伴侶並不在乎，但事實上，他們的伴侶都很不高興。

約翰．葛瑞（John Gray）在暢銷著作《男人來自火星，女人來自金星》中，描述他為何靈機一動決定寫這本書。當時，他的太太邦妮千辛萬苦生下女兒，幾天後，太太的身體狀況逐漸穩定，因此他也回到工作崗位。有天他下班回家，發現太太的止痛藥吃完了，「一整天都痛得要命，還得照顧嬰兒」。約翰看見太太情緒激動，以為她是在生氣，於是產生防衛心態，說他是無辜的，他又不知道止痛藥沒了，太太怎麼不打電話呢？經過激烈的爭吵，他氣得差點衝出家門，這時邦妮阻止了他：「等等，拜託別走，這是我最需要你的時候。我很痛，好幾天沒睡覺。拜託聽我的。」聽完，約翰走過去抱著她，什麼話也沒說。後來他寫道：「那天是我第一次陪著她，終於在她很需要我的時候為她付出。」

小嬰兒出生的壓力與責任感，加上太太的有效溝通，反而讓約翰啟動了安全型的行為模式，幫助他看清太太的幸福健康是自己的責任，也是神聖的義務。這對約翰來說是全新的領悟，他過去總是想著滿足自己的需要，只會用防衛的態度面對伴侶的需求或不滿，這時他終於切換到偏向安全型的心態。對逃避型依附風格的人而言，要打開心房、真正接納伴侶並不容易，但絕非不可能。

心繫不真實的舊愛，不斷尋覓「對的人」

你可能會使用兩種招數，來避開愛人與被愛的機會：一是說服自己你對舊愛才是真愛，二是告訴自己那個「對的人」就在不遠處。這麼一來，你很容易剝奪自己享受愛的機會。堅信「完美情人」的存在，讓逃避型戀人輕易將人拒於心門之外。逃避型相信自己完全沒問題，所有的問題都來自伴侶，伴侶就是不夠好。這不只會讓你跟伴侶越來越疏遠，還會讓你的伴侶困惑不已，他們聽到你多想念舊愛、多渴望擁有完美的靈魂伴侶，會以為你希望得到真正的契合與親密，但你其實是對親密感敬而遠之。

不真實的舊愛

輕視這段感情可能會帶來一種後果：等你終於「清醒」，你們的感情早已變質了。這時你可能早忘了伴侶曾經惹惱你的缺點，還暗自疑惑是哪裡出了問題，迫切緬懷早已逝去的愛。我們稱之為「對不真實舊愛的迷戀」。

就像卡蘿的例子，跟鮑伯分手之後，她才「找回」對他的感覺，逃避型的人經常遇到這種狀況。他們對伴侶興致缺缺，刻意疏遠伴侶，但是，過了一段時間，奇怪的事情發生了——愛和傾慕的感覺竟然又回來了！一旦保持安全距離，親密狀態帶來的壓迫感隨之消失，你不再覺得必須壓抑真正的感受，可以盡情為舊愛的優點而瘋狂，堅信這就是你遇過最好的伴侶。當然，你說不出當時為何覺得對方不適合你，也不太記得為什麼要結束這段感情（也有可能是你的行為舉止太糟糕，舊愛不得不離開你）。基本上，你過度美化舊愛，視對方為「此生的摯愛」，但那段感情早已逝去。有時候，你會真的想要和舊愛復合，卻只是再次陷入拉近又疏遠的惡性循環。也有些時候，就算舊愛還單身，但你並不會嘗試復合，卻老是想著他，無法放下。

這種對舊愛的執著就是一種疏離戰術，阻礙新戀情的發展，讓你無法靠近其他對象。

就算你不會與舊愛復合，但光是想到這個人的存在，對你來說，任何新對象都彷彿不值一提。

「對的人」的力量

你是否曾經覺得約會對象非常迷人，但是拉近距離後，卻發現這人其實沒那麼有魅力？甚至你們已經約會好一段時間，或是非常密集地相處，你認定就是這個人了，但就在某個瞬間，你的熱情突然被澆熄，可能是注意到她吃東西的方式很奇怪，或者他擤鼻涕的樣子惹毛了你，總之你在最初的熱情過後，突然感到喘不過氣，需要退一步保持距離。你不知道的是，這種突然出現的負面心態其實就是一種疏離戰術，趁你不注意時發揮作用，澆熄你對親密感及依附的需要。

你不願意檢視自己的內心，加上你相信每個人對親密感的接受度都一樣，於是你下了一個結論，覺得自己不夠愛對方，決定抽身。你的伴侶可能會崩潰抗議，卻只是強化你的定見，認定他／她並不是對的人。遇到下一個約會對象，這種惡性循環再次出現，你始終相信只要遇到「對的人」，一定會輕鬆對上彼此的頻率，一定跟過去談戀愛的狀況完全不同。

如果你是逃避型，該怎麼改變呢？

讀到這裡，很明顯的，逃避型戀人並不是真的有自己就夠了，反而充滿掙扎，運用強力的疏離戰術，不斷壓抑強大的依附系統。正因為強而有力的疏離戰術，我們很容易認定，逃避型的行動、想法、信念都不可能磨滅，也不會改變。然而，嚴格來說，事實並非如此。事實是，很多逃避型人士強烈相信，他們之所以無法在感情中得到幸福，跟自己沒什麼關係，都是因為外在的因素，比如遇到錯的人、沒找到對的人、交往對象總想把他們牢牢綁住……他們甚少檢視內心，思考自己為何總是不滿足。他們不可能主動尋求幫助，假如伴侶提議兩人一起尋求幫助，他們可能也不會同意。不幸的是，如果他們拒絕審視自己的內心，或是尋求諮商，事情不太可能改變。

偶爾，當逃避型戀人的生活處於低潮（可能是因為太過孤單，也可能是發生了改變人生的大事或重大意外），他們有可能改變思考方式。如果你已經來到這個階段，請注意以下所列的八個行動，能夠幫助你邁向真正的親密關係。在這幾步之中，最重要的概念就是，你需要更覺察自己的狀態。不過，了解某些思考模式會阻礙真正的親密關係，只是第一步而已，下一步會更困難：你需要認清，自己什麼時候出現了逃避型的態度和行為。之後，你才能踏上改變的旅程。

今天就開始做這八件事，讓你不再把愛推開

1. **學著辨認哪些行為屬於疏離戰略。**

別按照本能行動。當你為某個對象雀躍不已，卻突然閃過一個直覺，認定這個人不適合你，這時請停下來想一想，這是不是疏離戰術？你開始注意到伴侶的小瑕疵，是不是因為逃避型依附系統想讓你後退一步？提醒自己，你的想法並不是事實，而且就算你感到不自在，你還是需要親密關係。如果你一開始覺得這個對象很棒，把這個人推開可就損失慘重了。

2. **不要一直想著只能靠自己，要更重視兩人之間的相互支持。**

當伴侶感覺自己擁有一個安全基地，不用一直努力拉近關係，你也不再覺得需要拉開距離，你們會更能夠把注意力轉向外界，做自己的事。你會變得更獨立，伴侶對你的依賴也會降低（參見第二章關於「依附悖論」的內容）。

3. **找個安全型的對象。**

第七章會提到，安全型戀人遇到焦慮型或逃避型伴侶的時候，通常能讓伴侶變得更像安全型。相反地，焦慮型的人會強化你的逃避心態，使惡性循環反覆上演。假如有機會，建議你選擇安全型。這樣能夠減輕你的防衛心，減少吵架次數，也不會那麼痛苦。

4. **要注意自己容易誤解他人的行為。**

用負面的觀點看待伴侶的行為和意圖，容易使一段感情的氣氛不愉快。改變這種行為模式吧！認清自己的思考模式，留意自己什麼時候會產生這種心態，接著用比較合理的角度來看事情。提醒自己，這是你的伴侶，你們選擇跟對方在一起，所以比較好的做法是，相信他真的關心你、為你好。

5. 列個愛情感恩清單。

每天提醒自己，別忘了你習慣從負面角度看待伴侶或約會對象，如果你屬於逃避型依附風格，這就是你性格的一部分。你的目標是開始注意伴侶好的一面，這並不容易，但只要常常練習，堅持下去，你會慢慢抓到訣竅。每天晚上，花點時間回想今天發生的事，想想伴侶做了什麼事讓你開心，就算是小事也好，列出至少一件事情，以及你為什麼感謝對方出現在你生命裡。

6. 拒絕不真實的舊愛。

如果你發現自己美化了某個前任情人，別再這麼做了，請認清對方一直以來都不是適合你的選擇。想想你當時的諸多不滿，當時多麼懷疑這段感情，這樣一來，你就能停止把舊愛當成一種疏離戰術，轉而把焦點放在新對象身上。

7. 別再執著於「完美情人」。

我們不是質疑靈魂伴侶的存在，相反地，我們確信世界上真的有靈魂伴侶，只是，在尋找靈魂伴侶的過程中，你應該扮演主動積極的角色。別再被動等待符合所有條件的完美情人出現，以為從此以後就能過著幸福快樂的日子。你可以從人群中選擇一個對象，把他／她變成靈魂伴侶，參考本章的方法，允許伴侶拉近距離，讓伴侶成為你生命中特別的一部分。

8. 使用轉移注意力的技巧。

記得那個讓受試者分心的實驗嗎？逃避型戀人在注意力轉移的情況下，更容易與伴侶拉近距離。把焦點放在其他事情上，像是戶外健行、帆船運動、一起煮頓大餐，你會比較容易卸下防備，產生愛的感覺。用這個小技巧，提升你們相處時的親密感。

如果想知道更多幫助你停止逃避的方法，請翻閱第八章。

第七章／自在地拉近距離：安全型依附風格

描寫安全型依附風格似乎還滿無聊的，說到底，他們有什麼好寫的？如果你是安全型，那麼你就是個很可靠的人，言行一致，值得旁人信賴。你不會想躲避親密感，也不會因為感情而抓狂。你談戀愛時很少搞小劇場，情緒起伏不大，不會像玩溜溜球或坐雲霄飛車那樣大起大落。所以，到底有什麼好說的？

事實上，能說的可多了！在認識這種依附風格的過程中，我們就能夠了解穩固的情感連結如何改變一個人的生命，讓我們更懂得愛慕、欣賞世上的安全型戀人。安全型能夠察覺伴侶的情緒與肢體訊息，也知道如何回應。感受到威脅時，他們的情緒不會過於激動（像焦慮型那樣），但也不會直接關閉整個情緒機制（像逃避型那樣）。在這一章，你會更了解安全型戀人的特徵和獨特之處。另外，如果你屬於安全型，又不常尋求感情方面的協助，那你就可以在這個章節中得到警告，因為你有可能踏入失敗的感情，使自己產生負面的改變。

安全緩衝效果

經常有研究顯示，在一段感情當中，安全型依附風格是兩人最有可能獲得幸福的指標。根據研究，比起其他依附風格的人，安全型戀人在感情中的滿足感較高。多倫多大學的派翠克．凱蘭（Patrick Keelan）在博士論文中做了一項實驗，與另外兩位教授肯尼斯．狄翁（Kenneth Dion）及凱倫．狄翁（Karen Dion）合作（肯尼斯．狄翁是已故的心理學教授，凱倫．狄翁則是他的研究夥伴兼妻子，在多倫多大學任教），花了四個月的時間，追蹤超過一百名正在談戀愛的大學生，發現安全型的人維持高度的滿足感與信任感，也更全心投入感情。相反的，在同樣的四個月中，非安全型受試者的滿足感、信任感、投入程度卻逐漸減少。

當安全型遇上非安全型，會發生什麼事呢？在另一項實驗中，研究人員要求觀察者根據每對情侶的互動，為這段感情進行評分。正如我們預料的，安全型情侶的表現比非安全型的情侶更好（安全型情侶代表兩人都是安全型戀人，非安全型情侶代表雙方可能屬於焦慮型或逃避型）。有趣的是，雙方都是安全型的情侶，與「混合型」情侶的觀察結果並沒有明顯的差異（混合型表示其中一方是安全型戀人），這兩種情侶都較少產生衝突，在感情互動這方面，得到的分數也比非安全型情侶更高。

所以，安全型戀人不只在感情中有較好的表現，還能夠帶來緩衝效果，提升非安全型伴侶的滿足感與感情功能，到達和自己相同的程度。這項發現非常重要，代表跟安全型戀人在一起，會讓你更有安全感。

告訴我，這是魔法嗎？

安全型戀人究竟有什麼魔力，替感情帶來這種神奇的效果？安全型戀人一定是我們身邊那些最友善、最好相處、最討人喜歡的人嗎？我們能夠根據迷人、沈著、自信等特質來判斷誰是安全型嗎？這些問題的答案都是否定的，其實我們根本無法從個性和外表特徵判斷安全型人士。就像其他依附風格一樣，不管是什麼個性的人，都可能是安全型戀人。例如：

♥ 亞倫是一名三十歲的化學工程師，個性內向，相當排斥社交活動，大部分時間都花在工作、閱讀、與爸媽和兄弟相處，他發現要建立新的人際關係非常困難。他第一次性經驗發生在兩年前。

♥ 二十七歲的布蘭達是電影製作人，同時也是社交圈的中心，交遊廣闊，有她在的地方就有好玩的事。她過去有一個穩定的男友，從十八歲交往到二十四歲，分手之後，她一直和不同的對象約會。

♥ 格雷戈里是五十歲的電子工程師，離過婚，是兩個孩子的父親。他個性外向，很好相處。他經歷了破碎的婚姻之後，至今仍在療傷，也在尋找下一任妻子。

安全型戀人擁有各種樣貌，高矮胖瘦都有，真正讓他們與眾不同的特質很難從外表看出來，至少一開始不太容易發現。以珍娜（四十一歲）的親身經歷為例：

珍娜在星期一早上醒來，想到上週留下一堆未完成的工作，整個人就覺得快被壓垮了。珍娜堅信她永遠做不完堆積如山的工作，覺得自己好沒用。她轉向丈夫史丹，他還躺在床上，就睡在她身旁，但她沒來由地說起史丹的工作進度多令人失望，非常擔心史丹無法完成工作。史丹嚇了一跳，但回應珍娜時完全不帶憤怒：「我知道妳現在很焦慮，如果我也一樣焦慮，或許會讓妳感到一絲安慰，但如果妳是像平常一樣，想激勵我工作更有效率，妳對我說這些話並不是什麼好辦法。」

珍娜啞口無言，心裡清楚丈夫是對的，她只不過是在吐自己的苦水。史丹看她哭了起來，主動說要開車載她上班。在車上，珍娜向丈夫道歉。那些話並不是她的本意，只是她實在情緒太糟糕，覺得每一件事情都讓她很害怕。

就在那個當下，珍娜才意識到她的丈夫史丹真的非常支持自己。要是換成史丹這樣沒來由地找她麻煩，她絕對會反擊，然後引爆第三次世界大戰。她無法像史丹一樣保持鎮定，看清當下的狀況，明白問題癥結不在自己而是對方。史丹能夠這樣處理問題，其實很需要情緒方面的天賦。珍娜對自己說：「我一定要記得，能夠得到這樣的回應實在很幸福，以後也要用同樣的方式回報他。」

當威脅令人難以察覺

史丹這類的人屬於安全型戀人，他們的獨特之處並不外顯，但卻非常實際。他們天生就會期待伴侶充滿愛與責任感，不太擔心自己會失去伴侶的愛。安全型的人在面對親密感與緊密關係非常自在，具備強大的能力，能夠傳達自己的需求，也回應伴侶的需要。

其實，有不少實驗嘗試了解受試者的潛意識，比如在第六章提到的實驗中，藉由測量受試者認出螢幕上的文字所需要的時間，分析焦慮型、逃避型、安全型等三種人的差異。研究發現，在潛意識中，安全型戀人較熟悉關於愛、擁抱、親暱的詞彙，對於危機、失去、分手等詞彙則較陌生，這些帶來威脅感的負面字詞不會輕易進入他們的腦袋。不過，與逃避型戀人不同的是，逃避型一開始對部分字詞沒有反應，卻會在注意力分散的狀況下產生反應，但安全型戀人從頭到尾都不會有反應，即便注意力分散也一樣。換言之，安全型戀人就算措手不及，也不會產生會危及感情的想法，因此不必花費心力壓抑這些念頭，因為他們根本一點也不擔心！另外，當實驗人員要求安全型戀人刻意去想分手、拋棄、失去等議題時，他們確實會思考這些事情，結果也會變得更緊張，這可以從皮膚導電度測試出來（也就是測量皮膚上的汗水）。令人驚訝的是，當研究人員指示他們停止思考這些事情，受試者的皮膚導電度便驟然回到正常範圍。所以，對某些人來說，在面對威脅時保持冷靜是很辛苦的，但這種事對安全型戀人來說卻輕而易舉，他們就是對周遭的負面訊息不怎麼敏銳。

這種特質影響了安全型人士在戀愛中的各個面向，包括：

♥ **善於緩解衝突：**爭吵時，他們不覺得必須自我防衛，也不會傷害或懲罰伴侶，所以能夠防止衝突惡化。

♥ **心態保持彈性：**面對批評，他們不會覺得受到威脅，反而願意重新審視自己的做法，如果有必要，也會調整自己的信念與作風。

♥ **達成有效溝通：**他們認為別人能夠體諒、回應他們，因此，對他們而言，自在並準確地向伴侶表達感受，是再自然不過的事。

♥ **不會耍小手段：**他們想要親近的關係，也相信其他人想要這種關係，所以何必要小手段呢？

♥**對於親密感很自在，不擔心界線問題：**他們追求親密關係，不怕自己陷入「泥沼」。他們不像焦慮型戀人那樣難以承受被忽視的恐懼，也不像逃避型戀人那樣需要暫時拉開距離；對安全型來說，享受肢體或情感的親密相當容易。

♥**很快就能原諒對方：**他們認為伴侶的行為都是出於善意，所以就算伴侶做出傷人的事，仍然可以很快原諒。

♥**將性與親密感視為一體：**他們不需要藉著分開性和感情，來拉開與伴侶之間的距離（例如只談感情但沒有性，或是只有性但不談感情）。

♥**待情人如同貴族：**若你成為他們最親密的人，他們會以愛和尊重相待。

♥**相信自己能夠改善感情狀況：**他們對於自己和他人抱持正面看法，且對這些看法很有信心，因此相信自己能夠讓關係越來越好。

♥**對伴侶的幸福負責：**他們認為別人能夠回應自己、對自己付出愛，所以會積極回應他人的需要。

對於有非安全型伴侶的人來說，很難想像和安全型在一起之後，生活會有多大的改變。首先，安全型戀人不會跳「感情之舞」（relationship dance）。這是治療師常會提到的詞，指的是感情中一方靠近，另一方就後退，目的是維持兩人在感情中的距離。相反地，如果伴侶是安全型，感情中的親密感就會漸漸加深。第二，安全型戀人和伴侶談論自己的情緒時，能夠保持敏銳、發揮同理心，而且說得清楚明白。最後，安全型會把伴侶包覆在一座情緒保護傘下，使對方比較容易面對外在環境。我們很容易忽略這些特質是很美好的優點，總是要等這些優點消失了，才體會到它們的美好。難怪最欣賞安全型感情的人，就是與安全型及非安全型兩者都交往過的人。這些人會告訴你，與安全型跟非安全型的交往經驗天差地遠，但由於他們不知道依附理論，所以無法明確指出兩者的不同之處。

這種「才能」從哪來？

安全型戀人這種獨特的能力是與生俱來，還是後天培養的呢？依附理論先驅約翰・鮑比相信，依附風格是人生經驗所養成的結果，特別是人在嬰兒時期與父母互動的經驗。如果父母較為敏銳，經常回應孩子的需求，孩子就會發展出安全型依附模式，他們明白自己可以依附父母，自己有需要的時候父母就在身邊。不過鮑比認為，這種依附模式並不是只有幼兒期才存在，他相信，安全型的孩子到成年後也會保持這份自信，影響他們的戀情。

但是，是否有證據支持這個假設？多倫多懷雅遜大學的萊斯理・阿特金森（Leslie Atkinson）研究兒童發展，在二〇〇〇年與同事合作，針對過去四十一份實驗進行整合分析，總共分析了兩千多對親子，評估父母的敏銳程度是否與孩子的依附風格有關。分析結果顯示，兩者的關係雖然重要卻偏弱。若母親對孩子的需要很敏感，孩子的確比較可能發展出安全型依附風格，但是連結較弱就表示，除了研究方法的問題以外，還有其他變數可能決定孩子的依附風格。研究發現，有些因素會提高孩子培養安全型依附風格的機會，包括孩子性格溫和（父母會比較傾向給予回應），母親處於健康正面的環境（例如婚姻滿意度高、壓力和憂鬱傾向較低、擁有人際支持），以及較少與父母之外的照護人員相處。

讓情況更複雜的是，又出現一種新的假設，近年來在學術研究中頗受重視，那就是：我們的依附風格是受基因決定的。堪薩斯大學的歐姆瑞・吉拉斯與同事合作進行一項實驗，研究特定的一種基因變異是否會導致某個特質比其他特質更顯著，結果發現多巴胺受體 **DRD2** 對偶基因的模式與焦慮型依附風格有關，血清素 **5-HIT1A** 受體則與逃避型有關，這兩種基因都參與許多腦部功能，包括情緒、報償系統、注意力等等，最重要的是社交行為與伴侶關係。研究者認為，「在依附關係中的不安全感，有一部分能以特定的基因來解釋，不過個體之間的差異還是相當大，應該是受到其他基因或社會經驗所影響」。也就是說，在決定情感依附風格時，基因亦扮演著重要的角色。

但是，就算我們在嬰兒時期屬於安全型依附風格，我們成年之後還會是一樣的風格嗎？為了回答這個問題，依附領域的研究者重新評估一九七〇與一九八〇年代出生的受試者，這一次實驗中他們差不多二十幾歲。幼兒時期屬於安全型的男女受試者，成年之後是否還是安全型？答案並不明顯。在三個研究中，無法找出幼兒期與成年依附風格的關聯，但另外兩份研究認為，兩者在統計數據上有明顯的關係。可以確認的是，即便幼年與成年依附風格真的有關，關聯性也很弱。

那麼，安全型依附風格是怎麼來的？經過越來越多研究，許多證據顯示，安全型依附風格會形成不是只有單一因素。即使父母觀察敏銳，對孩子照顧有加，也不代表孩子這輩子就一定是安全型，會下這種結論代表觀察還不夠深入。相反地，養成安全型依附風格應該有各種原因，包括了幼年時期與父母的關係、基因，以及其他因素，例如成年後的交往經驗。平均而言，70%到75%的成人一生都會維持同樣的依附模式，但剩下25%到30%的人會改變。

研究人員認為，之所以會有這些改變，可能是某一段戀情影響太大，導致當事人改變對於感情的基本信念與態度。不僅如此，這種改變是雙向的，安全型戀人可能變成非安全型，非安全型的人也可能變成安全型。如果你不是安全型人士，以上資訊非常重要，可能會是你通往幸福戀情的門票；如果你本來就是安全型，你也要特別當心，萬一你的依附風格改變，愛情的幸福感就會大打折扣。

了解安全型心理：為伴侶創造安全基地

你或許還記得，我們在伴侶生命中扮演一個重要角色，就是提供「安全基地」。我們要提供穩定的環境，讓伴侶能安心追求自己的興趣，探索這個世界。卡內基梅隆大學的布魯克．菲尼與羅珊．瑟洛許（Roxanne Thrush）於二〇一〇年發表一項研究，提出有三種行為能夠達成這項目標，你可以嘗試採取以下行動，為戀人提供安全基地。

- **支持、陪伴戀人：**敏銳地回應伴侶的煩惱；對方需要時，允許對方依賴你；頻繁觀察對方的狀態，在情況有異時給予安慰。
- **不要插手：**當伴侶努力時，在背後提供支持與協助；讓對方保有主導權和掌控感；不要試著接手、干預細節，也不要貶低他們的信心和能力。

・**鼓舞：**給予鼓勵，接納伴侶設定的學習與個人成長目標，提升他們的自尊心。

問題不在我身上，在你：如何選擇伴侶

如果你屬於安全型，你會知道如何面對非安全型人士覺得棘手的難題，也會自然而然受到能夠讓你快樂的人吸引。和焦慮型戀人不同，你不會被紊亂的依附系統所控制，不會迷戀猜測對方心思那種不確定的刺激感。你也不像逃避型戀人，不會被不切實際的幻想給誤導，不會一直想著完美情人或者早已錯過的舊愛，也不會下意識採取疏離戰術，在別人正要拉近距離時冷淡下來。

身為安全型戀人的你，完全是以上狀況的反例。你相信，有許多可能的對象會敞開心胸接納親密感，會回應你的需要；你也知道，自己無論何時都值得被愛、被重視，你天生就抱持著這樣的期待。如果有人發出不符合這些期待的訊號，例如行為反覆、逃避親密，你就會自動對這個人失去興趣。我們訪問了一位屬於安全型依附風格的女性，她叫做坦雅，今年二十八歲，用很簡單的方式描述她的感情：

在我的戀愛經驗中，總共和十一個男人上過床，他們都想與我認真交往，我想可能是我散發了這樣的感覺吧。我知道自己會傳達出這樣的訊息：認識我很值得，不只是玩玩而已，要是他們願意留在我身邊，他們會得到更多。

我有興趣的男人都不耍手段，這對我而言非常重要。他們通常隔天一早就會打給我，頂多等到隔天晚上，而我也會從一開始就表現出好感。只有兩個人隔兩天才打來，我立刻就把他們淘汰掉了。

你會發現，如果坦雅認為對方不夠積極，不符合她的需要，她完全不會浪費時間在他們身上。某些人可能覺得她的作法很草率，但對安全型戀人來說，這是他們自然的反應。依附領域的研究證實，安全型受試者的確比較不會耍手段。坦雅天生就知道哪種對象不適合她，在她看來，耍花招就代表這個人玩完了。這種策略的原理是，坦雅認為，如果這個對象不尊重她，代表他在感情中也無法積極回應與陪伴，不代表坦雅本人沒有價值。她對於那兩個男人也沒什麼負面感受，這件事對她來說不好也不壞，她自然不在意。這就和焦慮型的人很不一樣，焦慮型大概會認為約會對象這樣做代表自己不好，開始自我懷疑，想著：「我一定是太強勢了。」「我當時應該邀請他上樓的。」「問他有關舊情人的事實在太蠢了。」面對不適合的人，焦慮型依附風格的人卻會一而再、再而三給他機會。

以坦雅為例，她的經歷夠豐富，所以她知道，和無法回應情感需求的對象相處根本是浪費時間。但如果還不是很確定，安全型戀人常用的方式是進行有效溝通，挑明自己的感受，看看對方有什麼反應。如果對方真的關心他們，並且願意妥協，他們就會再給一次機會；如果對方不符預期，安全型人士也不會打這場他們認為必輸的仗（參見第十一章）。

用安全型戀人的方式，尋找合適的對象

本書中許多尋找合適對象的原則，都是安全型戀人天生就會做的。這些原則包括：

- 儘早注意到「冒煙的槍口」，一旦發現，就要認清感情破局。
- 從一開始就透過有效溝通，表達自己的需要。
- 相信還有許多人能讓你開心。（真的很多！）
- 絕對不要因約會對象的惱人行為責怪自己，如果有人做出自私、傷人的舉動，安全型戀人會明白，這只不過是暴露了對方的本性，和自己無關。

・相信自己應該得到他人的重視、敬重與愛。

安全型就不會遇上感情問題嗎？

安全型不一定總是能遇上安全型，他們交往或結婚的對象，也可能是逃避型或是焦慮型。好消息是，身為安全型的你，有能力跟逃避型或是焦慮型好好相處，不過前提是，你得確保自己能夠維持安全型的思考模式。如果你發現自己越來越沒安全感，你不只是失去最珍貴的天賦，在愛情中的幸福感、滿足感也會降低。

如果你是安全型戀人，你能跟非安全型維持美滿的關係，其中一個因素是，他們由於跟你朝夕相處，漸漸擁有安全型依附風格的特質，這種情形最容易發生在安全型跟焦慮型情人交往的時候。瑪麗・愛因斯沃斯發現，在親子關係中，安全型母親特別難能可貴，不只是因為她們多為孩子付出，擁抱孩子的時間較長，而是因為她們似乎有「第六感」，能夠憑直覺判斷孩子什麼時候想要擁抱。她們能夠察覺孩子細微的情緒變化，在孩子大發脾氣之前就安撫孩子。即使孩子的情緒真的爆發，她們也知道怎麼讓孩子平靜下來。

我們發現，情侶之間也有這種情況。安全型人士天生知道如何安撫、照顧伴侶，這是他們與生俱來的能力。如果某對情侶準備邁入人生的下一個階段，即將為人父母，也會出現這種轉變。明尼蘇達大學的傑佛里・辛普森與德州農工大學的史蒂夫・羅萊斯合編了《依附理論與親密關係》（*Attachment Theory and Close Relationships*）一書，他們兩人跟洛恩・坎貝爾（Lorne Cambell）和凱蘿・威爾森（Carol Wilson）發現，如果焦慮型女性在懷孕期間感受到伴侶的支持、鼓勵與接納（都是安全型依附風格的特質），那麼她們在跟伴侶相處的過程中，就有可能漸漸轉變為安全型依附風格。換句話說，安全型人士給伴侶的悉心照顧，跟安全型母親給孩子的安全感具有同樣強大的影響力，足以改變非安全型人士的依附風格。

不過，我們也要提出警告。雖然安全型情人天生有能力避開不適合的伴侶，也有辦法轉變情人的依附風格，但有時候還是會陷入感情風暴。這種窘境不僅會發生在經驗不足的安全型人士身上，也可能發生在已有長期伴侶的人，當伴侶做出無理的行為，他們即便心中有所猶豫，還是選擇順著對方的心意，加以容忍。

今年三十五歲的納森婚姻陷入了危機，令他一籌莫展。他跟雪莉結婚八年，關係卻每況愈下。雪莉在婚姻初期還不至於常常發脾氣，現在幾乎每天發飆，行為還越來越脫序，不僅亂摔東西，有一次還打了納森耳光。但是，他們這段婚姻的問題還不只如此，納森抓到雪莉在網上徵友，強烈懷疑她在外面搞外遇。雪莉彷彿是要測試納森的耐心跟容忍度，好幾次威脅離婚，卻從未真正動手打包搬出去。納森相信，只要熬過這段「非常時期」，一切都會回復正常。他覺得自己應該為雪莉的幸福負責，不希望在雪莉的「低潮時期」拋棄她。所以，納森容忍了雪莉的無理取鬧，原諒她的不忠。最後，雪莉表示她對納森已經沒有愛了，承認自己有外遇，要結束與納森的婚姻。雪莉決定離婚後，納森接受了她的決定，沒有試圖挽回。

離婚之後，納森反而覺得很輕鬆。雪莉有了自己的生活，也讓納森得以解脫，他甚至不排斥再談戀愛，步入另外一段婚姻。不過，他還是說不清當初自己為何遲遲沒有脫身。針對這點，依附理論可以提供合理的解釋。其一，如前所說，安全型人士認為伴侶的幸福是自己的責任，因此只要他們找到一個理由，相信戀人正面臨困難，他們就會繼續擔任伴侶的支柱。馬力歐．米庫林瑟跟菲利浦．謝佛在他倆合著的書籍《成人依附》（*Attachment in Adulthood*）提到，安全型情人比其他類型更容易原諒伴侶，這是因為複雜的認知與情緒調節能力：「原諒一個人，需要非常困難的調節行為……需要理解對方的需求以及動機，即便對方做出傷人的舉動，還是寬宏大量地為對方設想……安全型人士總是替對方的行為找個不那麼傷人的解釋，也比較願意原諒伴侶。」本章前面也提過，安全型人士天生就不太會執著於負面議題，而且可以扭轉負面情緒，也不會防備地疏遠伴侶。

好消息是，安全型情人擁有與生俱來的本領，讓他們可以早早分辨哪些人不適合繼續交往。壞消息是，當安全型情人不小心陷入一段糟糕透頂的關係，他們可能不知道哪時該認賠殺出。如果他們已經經營這段關係很久，也給予了承諾，更會認為自己有責任讓伴侶幸福。

要怎麼知道，自己已經偏離常軌了？

如果你屬於安全型依附風格，卻開始像焦慮型情人一樣，經常焦慮擔憂，容易吃醋忌妒，或是像逃避型情人一樣，想表達感受前都要再三思考，變得不那麼信任伴侶，玩起了測試對方的小手段，這可是一個重大警訊！你很有可能選錯對象，或是經歷了重大困難，導致原本平穩的依附系統開始動搖。重大的生命事件，像是失去摯愛的人、生病、離婚，都有可能導致依附風格改變。

如果你正在談戀愛，請記住，即便你可以跟某個人順利相處，也不代表你非得留在他身邊才行。如果你已經試過各種改善關係的方法，卻還是不快樂，可能就代表你該放棄這段感情囉！遇到一段不順遂的感情，結束關係才是對你最好的。雖然你是安全型情人，但並不表示你得跟錯誤的人綁在一起。

如果你經歷失戀的痛苦，無論原因是什麼，請記得，不是你的感情觀有問題。相反的，你應該維持你的感情觀。最好的做法是設法療傷，抱持希望，繼續尋找可以跟你共享親密感的人。總有一天，你能再次獲得幸福。

練習欣賞安全型戀人

在認識依附理論之前，我們總是把安全型人士的存在視為理所當然，甚至覺得他們十分無趣。但是，透過依附理論帶來的新視角，我們學會了欣賞安全型人士的能力與特質。一開始不太引人注目的同事，其實是一位善於經營感情的男士，溫柔呵護妻子；平時看起來很無聊的鄰居，其實是一位敏銳又不吝付出關懷的人，讓整個家庭和樂融融。事實上，無論高矮胖瘦，各式各樣的人都有可能是安全型，不是每個安全型人士都喜歡待在家裡、一臉傻樣，不少人面容姣好，充滿魅力。無論他們外貌如何，我們都該學會欣賞這些「超級伴侶」。從演化的角度說，安全型戀人是不可多得的！

第三部／依附風格的衝突

第八章／焦慮型遇到逃避型的感情陷阱

如果一對情侶對親密感的需求不同，這段戀情就不再是安全的港灣，而是在風浪中掙扎的小船。以下三個案例能夠清楚地說明這一點。

該拿髒衣服怎麼辦？

三十七歲的珍妮特跟四十歲的馬克同居將近八年，最近兩年，他們為了到底要不要買洗衣機而爭論不休。馬克非常想要買台洗衣機，因為可以省下很多時間跟麻煩。珍妮特堅決反對，理由是他們住的公寓實在太小，再放一台洗衣機只會壓縮他們的生活空間；再說，珍妮特才是負責洗衣服的人，為什麼馬克對洗衣機這麼執著？每次他們談到這個話題，雙方都會變得很情緒化，結果通常不是珍妮特沈默不語，就是馬克大發雷霆。

他們到底在吵什麼？

想確實分析問題的癥結，就需要把下列細節加入情境中討論：

珍妮特週末都會到姊姊家洗衣服，姊姊家離珍妮特的公寓只隔了一個街區。姊姊家裡有洗衣機，珍妮特可以免費使用，省去了許多麻煩，所以去姊姊家洗衣服看似非常合情合理。然而，珍妮特每次去洗衣服就在姊姊家待一整天。原來，珍妮特屬於逃避型依附風格，所以總是找機會撇下馬克單獨行動。但是，馬克的依附風格屬於焦慮型，表面上，馬克想要買洗衣機是為了節省時間，真正的原因其實是希望有多一點時間跟珍妮特相處。

看到這裡，我們才知道，洗衣機戰爭只是表象，真正的問題在於，馬克跟珍妮特對親密度有不同的需求，想要跟對方相處的時間長短也不同，所以當然會吵架。

位於佛蒙特的浪漫民宿

二十四歲的蘇珊和二十八歲的保羅決定在這個週末，去佛蒙特自助旅行。到了當地，他們看了兩間民宿，兩間都很溫馨也很好客。其中一間民宿的房間裡有兩張單人床，另一間則是一張大雙人床，保羅想要有兩張單人床的民宿，因為從房間看出去的景色非常優美；蘇珊則是想要雙人床的那間，因為，她無法想像在這趟甜蜜的旅遊當中，他們竟然得分床睡。

保羅對蘇珊的想法不以為然，他認為：「我們天天一起睡，一個晚上分開睡有什麼大不了的？至少我們有美景可以欣賞啊！」蘇珊非常需要保羅的陪伴，她對於自己的親密需求覺得很丟臉，只是她沒辦法想像要分床而眠。結果他們兩人都不願意妥協，原本浪漫的週末就要被這場爭執給毀了。

他們的爭執點到底是什麼？從表面上看來，吵架原因是他們對民宿房間的品味不同，而蘇珊的堅持似乎有些極端。但是，你知道保羅不喜歡抱著蘇珊一起入睡嗎？蘇珊對此很煩惱，覺得自己被保羅拒於門外。除此之外，如果有兩張單人床，保羅一定會在做完愛之後，立刻跑去另一張床睡覺。知道這些細節之後，蘇珊的行為看起來就沒有那麼無理取鬧了。蘇珊的擔憂，是因為親密感的基本需求沒有得到滿足。

「該不該刪臉書好友」加上「害怕被遺棄」

三十三歲的娜歐蜜與三十歲的凱文已經交往半年，不過卻有一些無法解決的爭執。娜歐蜜很不滿凱文沒有刪前女友的臉書好友，而且她確信凱文也跟其他女人有曖昧。另一方面，凱文很不喜歡每次他跟朋友出去喝一杯，娜歐蜜都要打電話給他，所以他都會刻意忽略娜歐蜜打來的電話。凱文覺得娜歐蜜太敏感了，不只害怕被拋棄，又很會吃醋，這些凱文都跟她說過好幾次了。娜歐蜜努力克制內心的懷疑與擔憂，可是完全沒有用。

究竟能不能跟前女友維持臉書好友關係，分手後能不能繼續聯絡，在感情中並沒有硬性規定；可不可以在男友跟朋友出門時打給他，答案也沒有對或錯。根據不同的情況，這些行為都可以是合情合理的舉動。但是，娜歐蜜跟凱文爭執的原因根本不是這些問題，所以他們才會反覆爭吵。他們之間的問題癥結，在於兩個人對親密感的渴望不同，對於這段感情該多認真的期望也不同。凱文屬於逃避型依附風格，希望戀人之間可以保持一點距離，所以耍了很多小手段，其中一個就是對自己的行蹤保密，即便娜歐蜜顯然不喜歡這種行為，凱文依舊故我。此外，凱文還跟舊情人保持聯繫，不顧慮娜歐蜜的感受。娜歐蜜則是努力想親近凱文，消除凱文設在兩人之間的障礙，但由於凱文打從心底不想這麼親近娜歐蜜，她的努力終究是一場空。畢竟，親密感需要雙方共同努力，才能夠建立。

上述三個案例都有個共通點：其中一方想要親密感，可是當兩人的距離拉近，另一方卻覺得不自在。當其中一方是逃避型，另一方則是焦慮型或安全型，就會經常發生這種狀況，不過最嚴重的是逃避型遇上焦慮型的時候。

依附理論的研究一再指出，一旦伴侶滿足你對親密感的需求，雙方有情感交流，你的幸福感會大為提升；另一方面，要是雙方對親密程度的要求不同，通常幸福感就會大打折扣。當一對戀人無法針對親密程度達成共識，這個問題最後就會成為感情的威脅，讓戀人反覆吵同樣的事情，我們稱這種情況為「焦慮逃避感情陷阱」（anxious-avoidant trap）。你可能不知不覺落入這個陷阱，一旦被困住，插翅也難飛了。

如果焦慮型人士與逃避型人士談起戀愛，要他們攜手讓感情更加穩定會極為困難，主要是因為他們會不斷刺激對方，讓對方沒有安全感，感情就此陷入惡性循環。請參考下一頁的圖解，右下角的圓代表焦慮型，當他們遇到感情問題，依附系統會活躍起來，促使他們接近伴侶。左下角的圓代表逃避型，他們的反應完全相反，面對感情問題，會採取疏離戰術，想方設法跟伴侶保持距離，壓抑自己的依附系統。

所以，焦慮型人士越是想要靠近對方，逃避型人士就逃得越遠。逃避型試圖拉開雙方距離的舉動，會被焦慮型視為感情的威脅，讓他們想辦法靠得更近；但是，焦慮型想要拉近彼此距離的行為，又會被逃避型戀人視為威脅，結果逃得更遠。一方的依附系統越活躍，另一方的依附系統就越壓抑，造成雙方更加缺乏安全感，使感情陷入惡性循環。如此一來，雙方的情感需求一直無法被滿足，讓問題雪上加霜，兩人都停留在感情的「危險區」。為了讓戀情更加穩定，進入圖解中的安全區，兩個人必須找到折衷辦法，停止感覺自己受到威脅，使依附系統平靜下來，離開感情危險區。

焦慮型碰上逃避型的愛情中，往往會發生這些事情：

焦慮逃避感情陷阱圖解

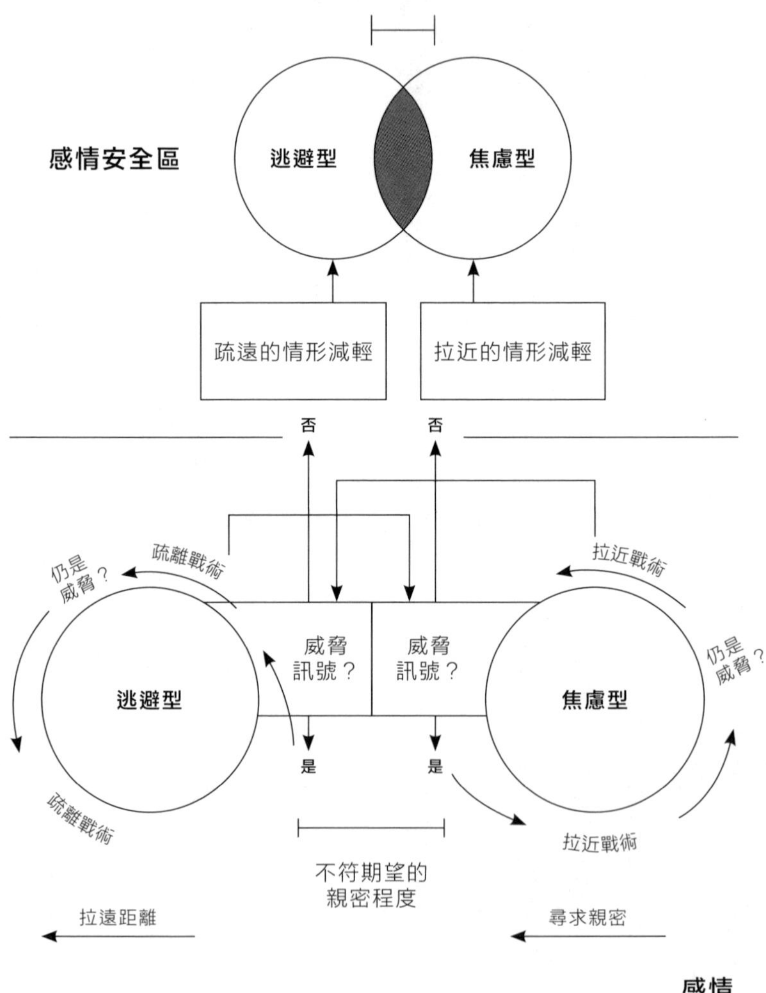
符合期望的親密程度
感情安全區
逃避型
焦慮型
疏遠的情形減輕
拉近的情形減輕
否
否
疏離戰術
拉近戰術
仍是威脅？
仍是威脅？
威脅訊號？
威脅訊號？
逃避型
焦慮型
是
是
疏離戰術
拉近戰術
不符期望的親密程度
拉遠距離
尋求親密
感情危險區

焦慮逃避感情陷阱的徵兆

1. 雲霄飛車效應

這段關係就像坐雲霄飛車，問題層出不窮。偶爾，逃避型戀人會敞開心胸，陪伴焦慮型伴侶。在那段時間裡，焦慮型伴侶的依附風格會暫時處於穩定狀態，兩人的關係也會達到前所未有的親密，充滿濃情密意。但是，逃避型戀人會將這種親密感視為威脅，沒過多久就會再次退縮，再次激起焦慮型戀人的不滿。

2. 情緒互補

跟其他依附風格的人相比，逃避型戀人常常需要鞏固自尊並確認自己的獨立性。如果你是焦慮型，當你的依附系統處於活躍狀態，就會覺得自己不如對方。很多時候，當焦慮型人士很需要人陪伴，或覺得自己的能力不足，他們的逃避型戀人就會覺得自己相對而言比較獨立，也比較有能力。這就是為什麼逃避型人士幾乎不會跟同類的人交往，因為一旦跟逃避型交往，就沒辦法從伴侶身上獲得優越感。

3. 感情長期不穩定

這種愛情或許可以維繫很長一段時間，卻會一直有種不穩定感。正如前面的圖解，你們或許會持續交往，雙方卻長期無法獲得滿足感，找不到令雙方滿意的親密平衡點。

4. 這也需要吵嗎?

你可能覺得,你們一直在吵一些根本不重要的小事。事實上,吵架的根源從來不是這些表面上的問題,而是你們兩人對於親密的需求不同。

5. 親近生侮慢

如果你是焦慮型人士,你會發現,一旦你變成逃避型人士最親近的人,他反而會日漸冷落你。我們在下一章會再進一步討論這個部分。

6. 落入感情陷阱

你心底隱約有股異樣的感覺,意識到這段關係不適合你,可是你已投入太多感情,捨不得離開他。

為什麼親密度衝突很難解決?

既然兩人相愛,難道真的找不到一個好辦法,既能維繫愛情,又能化解雙方的歧異?雖然我們很希望可以爽快回答:「當然有!」偏偏事與願違。我們看過好幾對焦慮型搭配逃避型的例子,發現要找到一個雙方都滿意的做法如同天方夜譚,無論他們多相愛都一樣。一般來說,這種感情關係順其自然發展下去的話,即使兩人對親密感的需求不同,屬於焦慮型依附風格的那方通常都會妥協，接受逃避型伴侶訂下的規則。所以，就算在不干預的情況下，感情延續了很長一段時間（通常會始終處於不穩定的狀態），但只要雙方不主動邁向安全型的行為模式，一切就不會有所改善，只會每況愈下。原因包括：

1. 對親密感的不同需求，會反映在生活中的各種層面，甚至是那些看似很微小的瑣事，像是一個人想牽手，另一個人不想。這種差異代表雙方的慾望、期待、感情觀都徹底衝突，當一對伴侶要分享彼此的人生，這些差異就會影響生活中的每個領域，包括睡覺習慣與孩子的教養方式。隨著感情邁入一個又一個新階段，例如結婚、孩子出生、搬家、賺錢、生病，這些根本的差異都會顯現，伴侶之間的歧異可能越來越大，面臨的挑戰也越來越嚴峻。

2. 衝突往往被擱置下來，無法獲得解決，因為解決問題就會導致太多親密感。如果你屬於焦慮型或是安全型，你會真心想要解決感情問題，然而，解決問題會提升親密度，而逃避型戀人潛意識中就會迴避這種狀況。即使焦慮型或安全型戀人想要解決紛爭，讓彼此的感情更親密，逃避型戀人反倒會對這種結果感到不自在，因為他們希望保持一定的距離。為了避免雙方變得更親密，隨著衝突持續，逃避型的態度越來越惡劣、疏遠。除非雙方能夠明白爭吵的根源在於焦慮逃避感情陷阱，否則只會重複上演「在衝突時疏遠」的情形，讓雙方都不開心。假如沒有真正解決癥結，關係只會越來越惡劣。

3. 隨著每一次衝突，焦慮型人士都會失去更多自我。焦慮型與逃避型在爭吵時，由於缺乏制約與平衡，焦慮型戀人很有可能被負面情緒給壓垮，當焦慮型人士感到受傷，言行與思維都會變得很極端，甚至以分手要脅（也就是反抗行為）。只不過，等他們冷靜下來，心中再次充滿過去甜蜜的回憶，就會極為後悔，所以主動向伴侶示好，試圖修復關係。但是，他們往往會得到帶有敵意的回應，因為逃避型人士處理衝突的方式不同，他們會刪除腦中美好的回憶，只記得伴侶最糟糕的一面。

如果你是焦慮型，通常走到這個階段，你不但無法解決爭執，甚至會被逼到比先前更慘的處境，必須低聲下氣，才能回到一開始讓你不甚滿意的狀態，而且往往需要多方妥協，對於幸福生活的奢望付諸流水。

第九章／擺脫焦慮逃避的感情陷阱：焦慮型與逃避型情侶如何找到安全感

如果你發現，很多問題都跟你們的親密需求相互衝突有關，該怎麼做才能改善呢？

成人依附風格研究中，最令人感興趣的發現，大概是依附風格兼具穩定性和可塑性。換言之，依附風格通常會長時間維持一致，卻也可能有所改變。到目前為止，我們已經詳細描述，焦慮型與逃避型的戀情通常會如何發展；接下來，我們想幫助這些情侶提升安全感。

依附風格的研究指出，一個人如果跟安全型交往，自己的依附風格通常也會朝著安全型發展。但是，假如兩人的依附風格都不是安全型，也不代表完全沒希望好好走下去。研究發現，「誘發」安全感（喚起能增加安全感的過往經驗）可以有效幫助情侶提升安全感。當人們回想與安全型戀人交往的經驗，或是在生活中找到一個安全型的榜樣，通常能夠成功採取安全型的作風。當一個人的依附風格逐漸轉向安全型，他／她就能以更有建設性的方式經營感情，心理和生理狀態也會更健康。若雙方都能做到這些事情，就能取得相當可觀的成效。

找出你的安全型榜樣

誘發安全感的方式很簡單，你可以想想身邊有哪些安全型人士，他們在感情中又有什麼表現。如果想找出安全型的榜樣，你可以逐一回想生活中接觸到的人，會讓你有安全感的人有可能是親近的人，像是父母、兄弟姐妹，也有可能是職場或朋友圈中認識的人，不管這個人是誰，最重要的是他屬於安全型依附風格，待人處事也秉持安全型的作風。找出擁有安全型特質的人之後，試著回想他們跟其他人互動的方式：他們會說哪些話，在不同情況下會有什麼反應？他們把哪些事情看得很重要，又把哪些事情看得很輕？當伴侶心情不佳，他們如何處理對方的情緒？他們大致的人生觀和感情觀是什麼？舉例來說：

「有一次我和主管意見分歧，強烈反對他的意見，想不到他沒有和我爭執，反而真誠表示對我的想法非常感興趣，和我好好溝通。」

「我最好的朋友喬和他的妻子蘿拉總是互相鼓勵，支持對方投入有熱情的事。當蘿拉決定離開律師事務所，投身社會工作，喬是第一個給予祝福的人，即便這意味著兩人的財務將大幅緊縮，喬依然支持她。」

你跟毛小孩的關係，也可以作為愛情的榜樣？

蘇珊·菲利浦（Suzanne Phillips）與他人合著的書籍《一起痊癒》（*Healing Together*）中提到，我們可以透過自己與寵物的關係，反思愛情。她提到，儘管寵物總是調皮搗蛋，我們通常仍覺得毛小孩會無私地愛著主人，對主人忠心耿耿。毛小孩在三更半夜把我們吵醒，打破貴重物品，要求我們全心全意的陪伴，我們卻不在意這些麻煩事，反而深愛牠們。事實上，我們與寵物的感情就是安全型關係的極佳代表。我們可以回想自己對待毛小孩的態度，從中找到內在的安全感：我們從來不會假設毛小孩故意傷害我們，也不會在牠們亂吃東西或大搞破壞之後記仇，即便當天工作不太順利，回家後仍舊會親切地對待毛小孩。無論如何，我們都會陪伴在牠們身邊，不離不棄。

檢視你想到的安全型例子，總結你想學習的特點，這就是你的安全型榜樣，也是你努力想成為的樣子。

重塑自己的情感運作模式

在依附風格研究中，「情感運作模式」（working model）指的是我們在愛情關係裡的基本信念，包含繼續經營這段關係的動機、會讓我們拒絕溝通的原因、對愛情的態度與期望。簡而言之，它就是你的感情觀。瞭解自己的情感運作模式，能夠讓你明白，到底是哪些思考模式、內心感受、外在行為導致你無法建立安全感。

清點感情清單

情感運作模式左右了我們在感情關係中的行為舉止，因此，首要之務就是先意識到情感運作模式的存在。雖然你可能已經大致了解自己的依附風格，但是一份感情清單可以告訴你，依附風格究竟如何影響你在愛情中的日常思考、感受與行為。

這份感情清單將協助你從依附風格的角度，檢視過去和現在的戀情。探討記憶與學習的相關研究發現，當我們回憶某個場景或喚起一段記憶時，這段記憶其實已經受到干擾，從此受到改變。我們的記憶並不是像圖書館裡的舊書，積滿灰塵地躺在架上，一成不變；反而像是一個活生生、會呼吸的實體。我們今天的記憶，其實是我們每一次回想某個片段時，不斷修正與重組的產物。換言之，當下的經歷，會影響我們對過去的觀點。藉由清點感情史，我們就能用全新的角度，重新檢視過往的戀愛經驗。透過依附理論的視角，我們可以改變因過往經驗而生的負面觀念，從而重塑情感運作模式，往安全型的方向調整。

以下是感情清單的表格。這份清單必須由你獨力完成，請保留足夠的時間，詳盡填寫。如此一來，你才可以從依附風格的觀點徹底檢視自我。

首先，在編號1的欄位，寫下過去到現在所有戀人的名字，短暫約會過的對象也算。我們建議你按照表格中的編號，由上往下一格一格填寫，先把直行的一整欄完成再說。按照這個順序，就能避免自己沈浸於特定的回憶中，也更能掌握每一段感情整合起來所呈現的情感運作模式。寫得越詳細越好。

在編號2的欄位，寫下你對每段感情的記憶，例如：你當時有什麼感覺？在你回想時，什麼是你印象最深刻的事情？描述完每段感情的大致樣貌之後，在編號3的欄位，你需要更仔細回想，釐清曾有哪些情況刺激或壓抑你的依附系統。在編號4，寫下你當初對於編號3那些事件的反應，例如：你採取了什麼行動？當下在想什麼？感受是什麼？清單後面提供了幾個列表，幫助你回想當時的反應。

編號5的欄位尤其重要，你得從依附理論的角度，重新評估自己的行為，分析是哪些問題影響了感情。你的行為反映出哪些跟依附風格有關的議題？是反抗行為嗎？還是疏離戰術？可以參考感情清單後面提供的列表。在編號6的欄位，根據依附理論，想想你的反應造成的傷害，又如何阻礙你得到幸福。最後，在編號7的欄位，想想要是又遇到相同的問題，你能採取哪些更有安全型特點的好方法來處理？不妨參考你日常生活中的安全型榜樣，或是感情清單後面提供的「安全型原則的範例」列表。

感情清單

1. 伴侶的姓名	2. 這段關係的狀況如何？是否有反覆發生的模式？

3. 造成依附風格系統啟動（產生拉近戰術）或壓抑（產生疏離戰術）的狀況。	4. 我的反應（包含想法、感受、採取的行動）。	5. 非安全型依附風格的情感運作模式與原則。	6. 上述情感運作模式與原則對我的負面影響。	7. 想想身邊有類似經歷的安全型榜樣，他會怎麼做？你能怎麼運用安全型的原則？

焦慮型常見的想法、情緒和行為

想法

- 讀心術：完了，他／她一定是要離開我了。
- 我不可能找到其他會愛我的人。
- 我就知道太美好的事物不可能持久。
- 「不是全有就是全無」的思維：我毀了一切，什麼也無法彌補了。
- 他怎麼可以這樣對我！我要給他好看！
- 我就知道遲早會出問題，從來沒有一件事是順利的。
- 我現在就要見到他／她！
- 他／她最好跪著求我原諒，否則我們乾脆分手算了。
- 要是我打扮得夠迷人或使盡渾身解數誘惑他／她，問題就會迎刃而解。
- 他／她這麼優秀，為什麼要跟我在一起？
- 吵架之後，等氣頭過了，就想起對方說過的好話和做過的貼心事。
- 吵架時，只記得對方做過哪些不好的事。

情緒

- 難過
- 生氣
- 害怕
- 怨恨
- 挫敗
- 沮喪
- 無助
- 絕望
- 嫉妒
- 懷有敵意
- 想報復
- 內疚
- 自我厭惡
- 焦躁不安
- 心神不寧

- 感到羞辱
- 充滿憤恨
- 猶疑
- 激動
- 覺得受到拒絕
- 覺得不被愛
- 孤單
- 覺得被誤解
- 覺得不受肯定

行為

- 做出過火、不符個性的行為。
- 不計任何代價地試圖重建關係。
- 故意找架吵。
- 等對方先示好才肯和解。
- 威脅分手。

- 不友善的表現：翻白眼、露出輕蔑的表情。
- 試著讓對方吃醋。
- 裝忙或讓人有距離感。
- 退縮：停止和對方說話，或直接轉頭離開。
- 做出想操控對方的行為。

逃避型常見的想法、情緒和行為

想法

- 「不是全有就是全無」的思維：我就知道他／她不適合我，這就是證據！
- 過度以偏概全：我就知道我不適合這麼親密的關係。
- 他／她根本是在掌控我的生活，我無法接受！
- 這下他／她根本要我百依百順，代價實在太高了。
- 我得離開這裡，我快要窒息了。
- 要是他／她是我的靈魂伴侶，就不會發生這種事了。
- 我跟某個前任在一起的時候，根本就不可能發生這件事。
- 惡意的想法：他／她根本是故意找我麻煩，太明顯了……

- 他／她只想把我綁在身邊，這根本不是真愛。
- 幻想跟其他人做愛。
- 我一個人會過得更好。
- 他／她好黏人，真可悲。

情緒

- 情感疏離
- 挫敗
- 生氣
- 倍感壓力
- 覺得不受肯定
- 覺得被誤解
- 怨恨
- 懷有敵意
- 冷漠
- 空洞

- 覺得受騙
- 緊繃
- 充滿憤恨
- 自認是對的
- 瞧不起對方
- 絕望
- 輕蔑
- 焦躁
- 不信任

行為

- 做出過火、不符個性的行為。
- 起身離開。
- 貶低伴侶。
- 表現得不友善，露出輕蔑的神情。
- 做出帶有批判的評論。

- 心理上或生理上的退縮。
- 盡可能避免肢體接觸。
- 盡可能減少情緒上的交流。
- 不聽伴侶說話，忽略他／她。

可能在這段感情中運作的依附風格原則

焦慮型

- 反抗行為。
- 拉近戰術：任何促使人渴望重建親密感的想法、感受或行為。
- 過度美化伴侶。
- 覺得自己相較於伴侶顯得很渺小，比不上對方。
- 在爭吵過後，只看到或記得伴侶的好（忘記他不好的一面）。
- 把活躍的依附系統誤認為愛。
- 處於感情危險區（參見第五章的圖表）。
- 情緒起伏，像是在坐雲霄飛車，對「大起大落」的感覺上癮，無法自拔。

逃避型

- 疏離戰術。
- 誤以為只靠自己就是獨立。
- 貶低伴侶，誇大自己的重要性，過度膨脹自尊。
- 只看到對方的缺點，卻對優點視而不見。
- 先入為主地認為對方的行為帶有惡意。
- 對於伴侶的情緒反應視而不見。
- 緬懷美好的舊愛。
- 幻想遇見「命中註定的那個人」。
- 壓抑愛的感受和情緒。

安全型原則的範例

- 支持、陪伴戀人。
- 不干涉對方。
- 鼓勵對方。
- 有效溝通。

- 不耍手段。
- 認為自己有責任讓伴侶幸福。
- 敞開心胸，勇敢、誠實地互動。
- 專注於眼前的問題。
- 爭執時，不會以偏概全。
- 危機發生的初期就加以處理，在伴侶產生不滿時迅速安撫，避免衝突加劇。

指定一位依附風格輔導人，請他和你一起檢視感情清單，可能會對你有幫助。這個人可以是你的家人、親近的好友，或是心理治療師。所謂「當局者迷，旁觀者清」，當你的依附系統極度活躍，導致判斷力受到拉近戰術或疏離戰術所影響，那些對你的行為模式相當熟悉的人，可以提供你嶄新的不同觀點，提醒你注意自身的不良依附傾向，提升安全感，停止做出傷害感情的事。

填寫完感情清單，你應該已經大致了解自己的情感運作模式，以及這套模式如何阻撓你獲得幸福、降低你的生產力；你可能認出自己在感情中反覆遇到的難題，你跟現任或前任伴侶又是如何觸發對方的依附系統。自己做個總結吧！

我的情感運作模式：感情清單總結

1. 在你所有的戀情中，如果你屬於焦慮型，哪些情況會啟動你的依附系統？如果你屬於逃避型，哪些情況會壓抑你的依附系統？
2. 你是否察覺自己的情感運作模式有哪些缺陷，導致你無法獲得更多安全感？
3. 在你所有的戀情中，主要是哪些依附風格原則在作怪？

回顧感情清單，思考看看安全型榜樣能如何幫助你改善感情問題。

1. 如果遇到相同的情況，他們會怎麼做？
2. 他們會用什麼角度看待這個問題？
3. 如果他們知道你遇到的感情問題，會給你什麼建議？
4. 從你和他們相處的經驗來看，你覺得他們的處事方式，能夠如何應用到你的感情問題上？

這些問題的答案，能夠幫助你完成感情清單的最後一欄，那也是最重要的一欄。接下來的兩個案例，會讓你更加了解感情清單的用途，以及使用方法。

挽救一切的那封簡訊

我們找喬治雅和亨利訪談的時候，他們總是吵個不停。根據亨利的說法，無論他做什麼，喬治雅都不滿意，喬治雅老是在替他打分數，一直批評他。然而，喬治雅深信，維繫這段婚姻的責任都是她在扛，明明是很簡單的小事，亨利也要喬治雅一直逼才會下決定，比如要買什麼生日禮物給亨利的母親、要租哪一間公寓，什麼事情都要喬治雅主動去處理，讓她覺得自己在這段婚姻中孤立無援。喬治雅明顯具有焦慮型依附風格的特質，我們鼓勵她觀察自己的情感運作模式，她提出這段關係中經常發生一個狀況，令她十分困擾，那就是：在工作時，亨利永遠沒時間和她聯繫。喬治雅會打電話和留訊息給他，可是他幾乎沒有回覆過。

喬治雅的感情清單如下：

1. 伴侶的姓名
亨利

2. 這段關係的狀況如何？是否有反覆發生的模式？	我在這段感情裡覺得很孤單，不受到在乎。維繫感情的事幾乎都是我在做，我累了。
3. 造成依附風格系統啟動（產生拉近戰術）或壓抑（產生疏離戰術）的狀況。	一整天下來，亨利都沒有回我電話。
4. 我的反應（包含想法、感受、採取的行動）。	焦慮不安，胡思亂想是不是我哪裡惹亨利不高興了。覺得腸胃糾結成一團。奪命連環叩，或強迫自己等他回電。他回電時，我表現得非常不友善。
5. 非安全型依附風格的情感運作模式與原則。	拉近戰術：覺得焦慮不安，必須馬上跟亨利講話。這是我的依附系統開始活躍，想要跟亨利保持親密。反抗行為：當亨利打來時，我的態度很不友善，這是為了讓亨利注意到我的感受，他才會補償我。
6. 上述情感運作模式與原則對我的負面影響。	我跟亨利的關係不但沒有更親密，反而還開始吵架。我因為思念亨利，無法集中精神工作。即便知道他愛我，我還是沒辦法控制我的情緒。

7. 想想身邊有類似經歷的安全型榜樣，他會怎麼做？你能怎麼運用安全型的原則？

我的治療師黛比是我很棒的安全型榜樣，她說我心情不好就可以打給她。她說：「喬治雅，與其看妳整天心情不好，我寧願花十分鐘跟妳講電話。」但我從來沒打給她過，因為她讓我感受到支持跟陪伴。

我認為，其實我不需要亨利通那麼多次電話，我只是想確認自己可以找到他，確保我們依然親密。

可是一天之內打太多通電話，違反了「不干涉戀人」的安全型原則。

亨利的依附風格屬於逃避型，他在醫院的工作非常忙碌，在他忙著照料病患時，喬治雅的來電和訊息會讓他心煩意亂。等他終於有時間回電，一開口總是滿滿的不耐煩，也影響了兩人的對話。亨利在感情清單中寫下：

1. 伴侶的姓名

喬治雅

2. 這段關係的狀況如何？是否有反覆發生的模式？	我們的感情裡從來沒有真正的安寧，喬治雅總是非常渴求我的關注。
3. 造成依附風格系統啟動（產生拉近戰術）或壓抑（產生疏離戰術）的狀況。	喬治雅在我忙於工作時，一直打電話和傳訊息給我。
4. 我的反應（包含想法、感受、採取的行動）。	把手機關機，即便回電也口氣很差，草草結束通話。 想到喬治雅那麼黏，我就生氣。 很不悅。
5. 非安全型依附風格的情感運作模式與原則。	疏離戰術：覺得喬治雅很黏人，過度依賴旁人。 我忘了她其實是愛我、關心我的，不是故意要惹我不高興。 退縮與疏離：為了拉開我們的距離，把手機關機，或者在我們終於講到話時，用傷人的態度對待她。
6. 上述情感運作模式與原則對我的負面影響。	等我回到家，喬治雅會顯得心情不好，讓我感到愧疚。 有時候，她是有「正當理由」才打給我的，像是我今晚想訂哪一家餐廳，但我會因為忽視她的來電而錯過。

7. 想想身邊有類似經歷的安全型榜樣，他會怎麼做？你能怎麼運用安全型的原則？

我主管和他太太總是會向對方報備行蹤。他們都在醫院擔任部門主任，是公認的模範夫妻，妻子甚至會打電話提醒丈夫，要在行程表預留足夠的時間運動。他們確實做到互相扶持，讓彼此更有成就。

我也違反了「支持、陪伴戀人」的安全型原則。我得找個方法，在喬治雅需要我的時候陪在她身邊。

喬治雅和亨利各自分析完自己的情感運作模式，開始從不一樣的觀點審視這段關係。亨利了解到，忽略老婆的需求、揶揄她的依賴，只會讓情況更糟，造成感情不睦。喬治雅則發現，「反抗行為」不但無法如她所願，讓亨利主動關心她，反而把亨利推得更遠。於是他們坐下來，好好溝通這段婚姻中反覆出現的模式，這時雙方都更有心理準備了。亨利說，其實他在工作時，也會掛念喬治雅，只不過他真的太忙，根本沒時間打電話給她。聽到亨利承認他也會在兩人分開時想到她之後，喬治雅安心多了，也理解亨利工作很忙，對喬治雅來說，她只是需要確認彼此的羈絆，這樣就足夠了。

他們想到一個很不錯的辦法：亨利提議，在他想到喬治雅的時候，可以發送事先寫好的訊息給她，這個動作他只需要幾秒鐘就能完成，卻可以大幅減少她的焦慮。這個辦法奇蹟似地改善了兩人的關係，喬治雅收到「我正在想你」的訊息，就能冷靜下來，專注在工作上；另一方面，亨利發現喬治雅之所以一直碎碎念，不是存心想害他沒辦法工作，他對她的不滿就減少了。亨利參考主管夫妻的相處模式，明白了感情上的安全基地有利於事業發展，此後，每晚兩人下班團聚時，氣氛再也不會劍拔弩張，妻子不再一直渴求關愛，而丈夫也變得和顏悅色。

擠牙膏事件

葛瑞絲剛搬到紐約市，她的男朋友山姆也住在這裡，非常希望葛瑞絲搬過去同住。他們已經交往兩年多，山姆希望彼此的關係可以更進一步，而且他們之前就常常在對方的住處過夜，如果住在一起的話，想想看可以省下多少房租呀！然而，葛瑞絲並不想搬進山姆的公寓，比較想要一起租一間大一點的房子，兩人一起展開新生活，而不是由她單方面去適應山姆的生活步調。山姆不同意這個想法，他喜歡自己的小公寓，既然自己有房子，哪有交房租給別人的道理。他確信，兩人的同居生活一定會很美好，不過他還是有些猶豫，因為他從來沒有跟人同居的經驗。其實，他很習慣自己一個人的生活，但是幾年下來難免感到孤單寂寞，讓他不再甘於獨自生活。

最後，葛瑞絲搬過去一起住，山姆卻覺得壓力與日俱增，有時候甚至快要窒息了。房子裡到處都是葛瑞絲的物品，他覺得自己正在失去原本寧靜的小天地，他的家彷彿被外人入侵。終於有一天，山姆爆發了，導火線是一條牙膏！山姆一向細心地從底部開始往上擠，葛瑞絲卻總是從中間開始擠。看著歪七扭八的牙膏，山姆大發雷霆，罵葛瑞絲太邋遢、不注意小細節。葛瑞絲嚇了好大一跳，自從搬進山姆家，她一直小心翼翼，處處謹慎，希望不要給山姆的生活帶來太多衝擊，沒想到山姆會因為一條牙膏對她發飆。

冷靜下來之後，山姆仔細想了想，在感情清單中寫下這些內容：

1. 伴侶的姓名	葛瑞絲
2. 這段關係的狀況如何？是否有反覆發生的模式？	我原本以為我們合得來，現在反而不確定了。也許我這個人不適合跟別人一起住。

3. 造成依附風格系統啟動（產生拉近戰術）或壓抑（產生疏離戰術）的狀況。	葛瑞絲搬進我家，改變了一些事情，擾亂了我的生活，牙膏事件是最後一根稻草。
4. 我的反應（包含想法、感受、採取的行動）。	煩躁生氣。 叫葛瑞絲搬進來是個天大的錯誤，我覺得家裡多了個陌生人，讓我進退兩難。 不管葛瑞絲做什麼，我都覺得有哪裡不對，認為她很沒用。 常常擺臉色。
5. 非安全型依附風格的情感運作模式與原則。	疏離戰術：認定葛瑞絲不夠好，侵佔了我的個人空間。 壓抑對她的愛：忘記同居本來對我而言有多重要，也忘了以前一個人生活有多孤單。
6. 上述情感運作模式與原則對我的負面影響。	我希望她在家裡每件事都按照我的方式做，這讓她很緊張，她緊張也連帶影響我的心情。 我的行為會破壞我們的感情，傷害我唯一在乎的戀人。 恢復自己一個人的生活，等於是回到原點。那時我很孤單，很不快樂，所以我去做了心理諮商，之後才順利邁入這段感情。

7. 想想身邊有類似經歷的安全型榜樣，他會怎麼做？你能怎麼運用安全型的原則？	我的諮商師說，要給彼此一段時間，不要輕率下結論說自己不適合同居。這是需要適應的。我最好的朋友已經跟他女朋友同居一年多，他們會一起去買食材，一起做家事。在葛瑞絲搬進來之前，我非常羨慕他們的同居生活。我違反了「不干涉戀人」的安全型原則。我家對她來說很陌生，我應該要支持她，不要給她壓力。

而這是葛瑞絲的感情清單：

1. 伴侶的姓名	山姆
2. 這段關係的狀況如何？是否有反覆發生的模式？	我不知道我們最近怎麼了。之前都相處得很好，但是自從我搬進他家，他就變得疏遠、苛刻。我就知道，當初應該另選一間房子，我們兩個一起換環境。

3. 造成依附風格系統啟動（產生拉近戰術）或壓抑（產生疏離戰術）的狀況。	同居，我不斷被批評。
4. 我的反應（包含想法、感受、採取的行動）。	覺得自己做什麼都是錯的。 我確信他不再愛我了。 為什麼我要跟他同居？這明明也是我家，我卻像客人一樣拘束。我覺得自己的處境好艱難。 我覺得自己很糟。我真的這麼邋遢嗎？ 我覺得我們走不下去了，可能很快就會分手。
5. 非安全型依附風格的情感運作模式與原則。	因為一件小事，就認定整段感情完了。 貶低自己。 輕率下結論說我們的感情完了。 沈浸在負面回憶跟情緒裡。
6. 上述情感運作模式與原則對我的負面影響。	我這種態度，反而會讓事情越來越糟。我的敵意、傷心與不滿，只會讓感情真的完蛋。 我這麼極端的想法，對事情一點幫助也沒有。

7. 想想身邊有類似經歷的安全型榜樣，他會怎麼做？你能怎麼運用安全型的原則？

我姊姊說的有道理，她說，山姆連工作都在家裡，我在他身邊待太久了。或許，會變成現在這樣，是因為我們的相處時間一下子變太長了。如果我們有個緩衝區，給彼此一點空間，慢慢適應同居生活，可能會比較好，畢竟人是需要時間適應的。她還說，她剛結婚的時候，也經歷過一段適應同居生活的時期。

我違反了「支持戀人」的原則：我需要給山姆更多支持，他比我更難適應生活上的變化。

完成感情清單之後，山姆恍然明白，過去這幾年獨自生活，讓他習慣只依靠自己，所以葛瑞絲搬進來之後，山姆的生活模式立即受到挑戰。突如其來的改變超出山姆的負荷，他也把自己的體悟告訴了葛瑞絲。葛瑞絲則發現，因為山姆無法適應她的陪伴，她才會覺得感情搖搖欲墜，但她的情緒反應無非是雪上加霜，反而破壞兩人的感情。葛瑞絲覺得姊姊提出的緩衝區點子不錯，正巧葛瑞絲的閨蜜要離開紐約半年，所以她提議暫時租下朋友的小公寓，如此一來，她就可以在那裡進行創作或是其他活動，不用擔心山姆會有什麼反應。聽到葛瑞絲的提議，山姆又驚又喜，而且知道葛瑞絲有其他地方可以去，讓他鬆了一口氣。葛瑞絲搬出去之後，山姆忽然有了喘息的空間，比較不介意葛瑞絲帶來的改變。不過，在這六個月之中，葛瑞絲待在另一間小公寓的時間其實很少。等六個月的租約到期後，她並沒有再另外租一間小公寓，因為山姆跟葛瑞絲已經適應了同居生活。

循序漸進，一起建立安全感！

請記住，依附風格兼具穩定性與可塑性，因此把依附風格導向安全型需要持續不懈的努力。每當遇到新難題，對某件事不滿，或是又發生爭執，都要納入考量，這樣有助於你突破困境，走出非安全型的依附模式。不過，邁向安全型戀愛，不只是關乎解決感情問題，也關乎如何讓彼此更幸福。找出一些方式，享受戀人專屬的甜蜜時光吧！可以一起去公園散散步，一起看電影或兩人都喜愛的電視節目，共進晚餐，當然還要找時間親熱一下。擺脫非安全型的情感運作模式，你處理任何事情的能力都會大幅提升。情緒取向治療（Emotionally Focused Couples Therapy, EFT）創始人蘇．強納生博士（Dr. Sue Johnson）在臨床工作與著作中一再說明，增進感情關係的最佳辦法，就是營造安全感，認清戀人在各個層面都需要相互依賴與支持。

一段具有安全感的關係，可以創造雙贏的局面。如果你是焦慮型戀人，你會得到自己渴望的親密感；如果你是逃避型戀人，你會更享受自己所需要的獨立自主。

萬一沒辦法建立安全感呢？

萬一你已經竭盡全力，想要避免掉入「焦慮逃避感情陷阱」，擺脫沒有安全感的惡性循環，最終卻還是失敗，那該怎麼辦呢？失敗的原因，有可能是一方不願意改變，或者雙方都已心灰意冷，也說不定是有些事情我們實在無力改變。我們確信，當人處於焦慮逃避型的戀情，尤其是無法朝安全型發展的時候，生活中會衝突不斷，三天一小吵，五天一大吵，永無安寧。但是我們也相信，知識就是力量，只要雙方知道爭吵不斷的原因並不是其中一方難相處，而是因為感情中存在深層的矛盾，對於這段戀情將會是很大的幫助。

了解這點能帶來的最大好處，就是改變你的自我認知。感情衝突對於非逃避型人士而言殺傷力極大，因為非逃避型總是被逃避型情人推得遠遠的。從本書各式各樣的案例就可以看出，許多逃避型戀人都喜歡隱瞞自己的行動，然後怪罪另一方愛吃醋、太黏人，或是偏好跟伴侶分床睡，一有機會就減少雙方共度的時間。如果你的情人是逃避型，你會經常感受到被拒於門外或受到責備，經歷一段時間的疏離戰術之後，你會把錯怪到自己身上，認為這一切都是你的問題，如果是別人跟他交往，他絕對不會是這個樣子，一定會想跟對方保持親密……你開始覺得自己缺乏魅力，不夠優秀。

你要知道，你們永不止歇的爭執背後，其實另有意義，其實存在著不可消解的分歧，這會大大改變你對自己的看法。只要你明白，伴侶不管跟誰在一起，都會一直找理由，設法跟對方保持距離，一直縮回自己的小天地，你就不會把所有感情問題都歸咎到自己身上。

表面上，逃避型戀人受到的情感傷害似乎比較少，畢竟他們單方面疏遠情人，這種行為根本不需要伴侶配合。然而，即便逃避型戀人看似毫不在意，可是冷淡不代表有安全感，他們只是壓抑了自己對親密感的需求，研究顯示，他們在一段關係中通常比較不快樂。不過，他們也常把自己的不幸福怪罪到伴侶身上。

但是，就算了解這個事實，又能怎麼辦呢？

我們曾經訪問一名叫做艾拉娜的女子，她跟我們分享了她與前夫史丹的婚姻。她描述，只要史丹忙於工作，週末也是兩人各忙各的，沒花什麼時間相處，他們就相安無事；不過，一旦艾拉娜提議要共度浪漫時光，讓兩人更親密，問題就來了。每到這種場合，史丹總能找到「正當理由」加以推託。他們兩人經常上演固定的戲碼：艾拉娜興奮不已告訴朋友與同事，他們週末要一同出遊，接著收拾行李，擬定出遊計畫。幾天之後，艾拉娜卻沮喪又無力地向大夥抱怨，因為有突發狀況，這次又去不成了。史丹的突發狀況真的很多：有一次是加班，一次是生病，另一次則是因為車子需要維修。他們會為此大吵一架，吵完會過上一小段平靜的日子，然後相同事件再度重演。對艾拉娜而言，她一次次燃起希望，又一次次失望，令她痛苦不已。

最後，艾拉娜跟史丹的感情終究走到了盡頭。她從來不曉得，兩人爭執的原因不是要不要去度假，也不是浪不浪漫，而是涉及兩人最根本的差異。真正阻礙他們幸福的，是史丹設下的那些障礙。即便艾拉娜心裡隱約察覺到這一點，她還是無法接受這個事實。

仍有情侶努力維持感情，想辦法在親密需求衝突的情況下，找到折衷辦法，他們是怎麼做到的呢？首先，他們接受了現實，知道在感情的某些方面，彼此是不可能改變的，強求不來。如果硬要改變，也只是打一場註定會輸的仗，嘗到無盡的失望與挫敗。但是，他們也可以改變自己的期望，接納情人的缺點，在生活中採取較為務實的策略：

♥ 他們認清，戀人在某些方面絕對不會變主動，所以也不再逼迫對方改變。
♥ 當伴侶做出疏遠的行為，他們接納伴侶的天性，不會認為這是在針對自己。
♥ 他們學會在某些方面獨立自主，不再像之前一樣，期盼某些事情一定要跟伴侶一同參與。
♥ 如果戀人不願參與某個活動，他們就找志同道合的朋友一起做。

♥學會欣賞戀人的優點，忽略對方沒做到的事。

我們知道，許多人歷經長期掙扎，終於改變心態，找出自己能夠接受的折衷之道：

♥道格，五十三歲。以往，他每天都因為妻子晚歸而發火，最後他決定克制自己，反而在妻子走進家門時，溫暖地迎接她。他決定要讓家變成讓妻子嚮往的地方，而不是硝煙滾滾的戰場。

♥娜塔莉，三十八歲。她一直夢想著跟丈夫共度所有的閒暇時間，但是她丈夫總是拒絕一起過週末。他們為此爭吵，互相怨恨了好幾年，最後娜塔莉決定改變。現在，她週末想做什麼就做什麼，如果丈夫想要加入（這種狀況很少發生），就算他一份；如果他不感興趣，娜塔莉就一個人享受。

♥珍妮絲，四十三歲。珍妮絲的丈夫賴里曾有過另一段婚姻，他對於孩子的事情並沒有放太多心思。最後，珍妮絲不得不接受，家裡很多事情都得由她決定，包含如何照顧孩子。她不再期盼賴里參與這些事情，也不再因為他拒絕參與而生氣。

上述這些人長期以來，親密需求都和伴侶相互衝突，最後放棄跟伴侶確實建立真正的親密感，接受了對方有限的陪伴。他們選擇妥協。但請不要誤會，這種妥協並不是雙向的，而是單方面的。對他們而言，與其落入無止盡的爭吵，承受挫折與失望，他們寧可改變自己對感情的期望，將衝突減少到可以容忍的程度。

不再執著於愛情的美好期盼

這是否代表我們建議你採取相同的做法？答案是：看情況。如果你已經交往一段時日，還是無法解決雙方對於親密需求的衝突，但是你又基於某種原因，想要維繫這段關係，那麼妥協大概是你們和平相處的唯一辦法。跟其他沒有經歷這些衝突的情侶相比，你的感情生活稱不上完美，但和那些天天爭吵的情侶相比，你的日子還算過得去。他們之所以天天爭吵，是因為雙方都沒有意識到爭執背後的深層原因，不知道吵架也無法消弭兩人的分歧。

如果你剛開始一段新戀情，感情仍在發展階段，卻已經遇到許多關於親密需求的衝突，那麼建議你慎重思考，你是否願意為了跟這個人在一起，做出這麼多妥協。要知道，如果兩人的親密度需求相互矛盾，這跟一般的情侶爭執是完全不同的。一般戀人吵架，是為了找到共識，解決問題，讓兩人更親近；假如是因為依附風格相衝突而爭吵，則會反反覆覆，難以真正劃上休止符，最後迫使其中一方違背自己的意願，在他不願意的地方妥協。

依附風格互相衝突所帶來的傷害還不只如此，可能會越演越烈。下一章將會說明，親密需求的衝突若是失控，會發生什麼情況？我們又該如何辨認這種衝突？最重要的是，該怎麼解決這些衝突？

第十章／當異常成為常態：給不同依附風格的分手指南

克萊和湯姆正在享用浪漫的紀念日大餐，克萊含情脈脈注視著湯姆，湯姆卻忽然暴怒：「幹嘛一直看我，很煩耶。不要再看了啦。」克萊恨不得馬上走人，但她忍住了，之後他們都沒有再說話。

蓋瑞和蘇在登山健行時，並不是肩並肩一起走，一同享受這趟旅程。相反地，蓋瑞從頭到尾都走在蘇前面，時不時回頭酸她走太慢，一下嫌她懶，一下又嫌她體力差。

佩塔在她先生的要求下，幫他進行「半套式性服務」。事後，她先生說：「感覺真棒，而且誰來做都無所謂，陌生人也可以，這種感覺好刺激喔！」佩塔聽完，覺得像是肚子挨了一拳。

上一章提到焦慮型遇上逃避型會面臨什麼挑戰，以及可能的解決方法。不過，在某些情況下，無論雙方再怎麼努力，依然無法改善彼此的關係，這時，他們會激發出彼此的黑暗面，讓異常狀況反而成為家常便飯。

多數人認為，那些可以忍受伴侶惡劣對待的人，多半是有自虐傾向的可悲傢伙，如果他們願意忍受這一切，不打算離開，鐵定是他們活該找罪受。也有人相信，這些人是因為經歷了悲慘的童年，成年後依然複製了童年的模式。不過，瑪莎和克雷格的故事，卻推翻了上述所有假設。三十一歲的瑪莎是本書的受訪者之一，她非常大方的與我們分享她的故事，毫不保留地揭露了私密卻痛苦的記憶。瑪莎希望，她的故事能夠幫助其他落入相同處境的女性朋友，讓她們知道，每個人都能從可怕的關係中脫身，找到真正的幸福。瑪莎在充滿愛的家庭中長大，她和克雷格分手後，便遇見一位很有魅力、也對她很好的男人。瑪莎最大的「問題」，大概就是她屬於焦慮型依附風格，克雷格則屬於逃避型。如第五章所述，焦慮型和逃避型之間有極大的吸引力，一旦相互依附便難分難捨。瑪莎的故事告訴我們，在焦慮型遇上逃避型的極端案例會發生什麼狀況，又該經歷多大的心理掙扎才能結束關係。

瑪莎的故事聽起來很棘手，結局卻充滿希望。我們決定收錄這個故事，有三個原因：一、說明建立依附關係的過程力量有多強大；二、情緒健全的人，也可能陷入極具破壞性的處境；三、讓身陷相同處境的人了解，只要鼓起勇氣離開不良的關係，他們也能找到美好的生活。

瑪莎的故事

我在大學時期認識克雷格，他長得很帥，又是運動健將，我深受他的外表吸引。此外，我主修物理，他剛好是物理助教，比我厲害許多，所以我覺得他好聰明。然而，打從一開始，他就常做出令人不解的行為，讓我心煩意亂。

他第一次約我出去時，我以為那算是約會，赴約後才發現是一場朋友聚會，他一堆朋友都在。基本上，我非常確定每個女生聽到他的邀約，都會以為是一對一約會，但我決定姑且當作是我搞錯他的意思。不久之後，他約我單獨出去，於是我就把第一次邀約當成一場誤會。

一個月後，我決定給克雷格一個驚喜，在他練習田徑的時候幫他加油。沒想到，他連一句謝謝都沒說，只顧著跟朋友待在一起，連招呼都沒打，完全無視我的存在。所以我猜想，他一定覺得我讓他很沒面子。

之後，我當面告訴他我實在無法理解他的行為，他回答：「瑪莎，我覺得有別人在場的時候，不需要告訴別人我們是一對。」這一席話讓我火冒三丈，忍不住落淚，但他抱住我、親吻我，我們就和好了。後來，雖然克雷格一直沒有公開我們的關係，但我們很明顯就是一對。

不過，後來又發生很多事情，讓我覺得我們的認知不一樣。本來，我偶爾還會跟前男友見面，跟克雷格約會了好幾個月以後，我覺得這段感情發展得很穩定，所以我跟前男友說，我不能再跟他見面了。我跟克雷格提起這件事時，他說了一句讓我很錯愕的話：「妳幹嘛這樣跟妳前男友說？現在還早，誰知道我們的感情會不會長久！」

又過了幾個月，我們的想法終於比較一致，他搬進一房一廳的公寓，要我跟他同居，我很高興他終於想要定下來，所以就答應了。大家對他印象都很好，跟他不熟的人都會認為他是很棒的人，所以大家都覺得我們同居是理所當然的。然而，大家並不知道，我跟他在一起之後，心情就像坐雲霄飛車一樣，幾乎每天以淚洗面。

舉例來說，克雷格三不五時就拿他前女友金潔來跟我比較，說金潔非常完美，她聰明、美麗、風趣、世故。我很難接受他們保持聯絡這件事，信心也受到打擊。他一面把金潔捧上天，一面瞧不起我，尤其瞧不起我的頭腦。我真的受夠他總覺得我腦子不靈光，但我還是忍下來，好歹我也是從常春藤名校畢業，我知道自己很聰明就夠了。

外在條件又是另一回事了，我對自己的外表本來就缺乏自信，克雷格又常放大檢視某些地方，簡直是火上加油。舉例來說，如果我稍微長了點肉，他就可以念上好幾個禮拜。我們第一次一起洗澡時，他說我是「胸部很大的侏儒」。他說的話讓我耿耿於懷，甚至會貶低自己。有一次我吃太多，覺得自己身材走樣，我就問他怎麼想和我這種噁心的胖子做愛。大部分男朋友聽到女朋友這樣說自己，應該都會說些話安慰女朋友，比如說：「瑪莎，開什麼玩笑，妳美呆了好嗎？」

沒想到克雷格竟然回答：「因為除了妳之外我沒得選啊。」他完全沒意識到這句話很傷人，他覺得只是實話實說罷了。

我跟他說過他講話真的很傷人，甚至直言我覺得他有情緒障礙，但不管怎麼說，他都左耳進右耳出。好幾次我下定決心，告訴自己不要再容忍他的行為，鼓起勇氣跟他分手，但我始終做不到，因為每次他都會哄我，說他愛我，他總是有辦法說服我繼續跟他在一起。

他愛我嗎？可能吧。他幾乎每天都說他愛我，而我就會為他找各種理由，說服自己這不是他的錯，他會這樣是因為他的家庭不太美滿，他父親非常跋扈，對他母親很差。我漸漸習於合理化他的行為，不斷告訴自己他不是故意的，只要我相信他這些行為是跟他父親學來的，那我就可以抱持希望，期待他有一天會改頭換面，忘記以前的行為模式。

可是，像這樣否認現實，我就必須一而再、再而三忍氣吞聲。克雷格跟他父親一樣控制慾極強，一切都要以他為主，他的想法永遠比較重要，他想做什麼，我就要陪他做什麼。我們要看什麼電影，他決定；我要煮什麼，他決定。他明知道我很在意室內的擺設，卻還是擅自決定要在客廳牆上貼籃球球星的海報。客廳耶！

我從不帶他見我朋友，因為我覺得他那樣對待我讓我很丟臉，也對於我容許讓他這樣對我而無地自容。跟他朋友相處的經驗更是糟到不能再糟，我算是個害羞的人，有一次我參加他們朋友的聚會，想要加入一個話題，他就直接打斷正在講話的人：「嘿，快點認真聽，我的『天才』女友有話要說！」還有一次在海邊，我請他拿浴巾給我，他當著所有人的面大吼：「陽光曬一曬就乾了啊！」這還只是其中兩個例子，其他類似的事根本數不清。我一直跟他溝通，請他不要這樣對我說話，說到最後我就放棄了。

我們的關係裡唯一讓一切都變得可以忍受的，就是克雷格雖然講話很難聽，但他很多情浪漫，這就是為什麼我能跟他在一起這麼久。我們時常擁抱彼此，每晚相擁入眠，這樣的親密行為讓我能夠假裝我很滿意性生活。克雷格是我歷任交往對象中，性需求最低的男友，因為擁抱能帶給我溫暖，他不碰我這件事好像也不這麼痛苦了。

儘管我努力保持清醒的頭腦，但時間久了，我的思維越來越混亂，一直告訴自己，沒有人的感情是完美的，無論如何都要妥協，那不如就繼續跟克雷格在一起。我們在一起好幾年後，我覺得不該再浪費時間，是時候走入婚姻了。我跟他說我想結婚，他還很不識相地說：「這樣我就再也不能跟二十幾歲的妹子上床了耶！」雖然這樣，我還是想嫁給他。

結婚是唯一一件我向克雷格堅持、不肯妥協的事，但聽到他說：「走啊！」我就知道我犯了大錯。他買了一個不怎麼樣的婚戒給我，上面的鑽石還一直掉，這不就是壞兆頭嗎？

我們的巴黎蜜月旅行也慘不忍睹，我們整天都待在一起，明明應該要開開心心放鬆，但克雷格就是能把所有的事搞得雞飛狗跳，一直抱怨飯店的服務不佳，我不小心帶他搭錯地鐵，他就大發雷霆。他對我惡言相向時，我有如大夢初醒，意識到我根本無力改變他。回家以後，我家人問起蜜月旅行，我沒有勇氣告訴他們根本是場災難，只能有氣無力地說：「還不錯啊。」我覺得我好可悲，只能這樣描述我的蜜月。

我感到走投無路，卻還是沒辦法從這場惡夢抽身。好幾次，我下定決心要離開克雷格，他總能說服我留下。我開始幻想有一天他會愛上別人離開我，因為我覺得我根本沒有勇氣主動離開他。幸好，克雷格做了一個決定。有一次我又提離婚，已經不記得那是第幾次了，他一樣央求我不要走，但他說如果我之後又提，他絕不會挽留我。後來，我再度覺得忍無可忍，最後一次提出分開的要求，這次他爽快答應，我真的很感激他遵守承諾。雖然我們本來已經簽約要買一間公寓，因為違約付了一萬美元，但事後回想，這是我這輩子花過最值得的一筆錢。

離婚手續一下就辦好了，一點也不難。我們依然保持聯繫，離開他以後，跟他相處變得有趣多了，當然，前提是相處的時間不要太長。他風趣、熱情、迷人，只要他開始口不擇言，我就馬上走人。

幸運的是，後來瑪莎遇到了一個能帶給她快樂的人。和新對象交往時，她不但換了薪水比較高的工作，還培養了新嗜好，再也不用像從前那樣，天天情緒起伏不定。

拉鋸戰

瑪莎和克雷格的故事，完整體現了焦慮型和逃避型之間的拉鋸戰。克雷格不喜歡與伴侶太親密，想盡辦法在他和瑪莎間築起高牆，例如剛交往時製造不確定感、不願意確認雙方的關係，後來需要催促才願意結婚、常常瞧不起瑪莎、對性無感，還採取了其他疏離戰術，很明顯屬於逃避型依附風格。瑪莎則屬於焦慮型依附風格，對克雷格不離不棄，堅持結婚，並且對這段感情十分執著，一開始是為了這段戀情每天哭泣，後來又不斷想著要離婚，也是一種執著的表現。她的行為是非常典型的焦慮型，情緒隨著克雷格的一言一行大起大落，最後做出反抗行為（威脅克雷格要分手，但都沒有堅持下去）。在交往前幾年，瑪莎的依附系統長期維持活躍狀態，後來變得對克雷格頗為冷漠。

顯而易見，他們在這段關係中的需求大相逕庭，導致雙方一天到晚起衝突。克雷格需要保持距離，瑪莎需要親密感；克雷格自尊心強（逃避型的特點），使得瑪莎對自己越發沒有自信（焦慮型的特點），但他們之間又有親密的時光，讓瑪莎離不開。舉例來說，每次他們鬧到一發不可收拾，克雷格總有辦法運用他的熱情和關愛安撫瑪莎，即便他往往就是始作俑者。然而，每次他們的關係變親密後，克雷格又會再次拉開距離，這在焦慮型和逃避型的感情中很常見。

關於性

還記不記得，瑪莎說克雷格是她「歷任交往對象中，性需求最低的男友」？逃避型人士時常藉由逃避性愛，與伴侶保持距離。儘管有研究顯示，逃避型的人比其他依附風格更容易出軌，不過他們不見得都會背叛伴侶。菲利普・謝佛和當時在加州大學戴維斯分校攻讀的多莉・莎克娜（Dory Schachner）進行一項研究，發現在三種依附類型中，逃避型人士最容易與有伴侶的人調情。

然而，逃避型的人就算沒有出軌，還是有辦法利用性帶給伴侶距離感。焦慮型的人在性愛中，喜歡親吻和愛撫等傳遞情感的元素，勝於單純的性愛；逃避型的人則不同，可能會選擇專注於性愛本身，避免擁抱伴侶或堅持不親吻對方，讓性愛不這麼親密。有些逃避型的人很少（甚至是不願）與伴侶發生關係，或是在與伴侶發生關係時，腦中想著他人（許多交往很久的伴侶，會利用性幻想來增加情趣，但這樣做是為了更親密；逃避型的人在腦中想著別人時，卻是在使用疏離戰術，以便讓自己脫離親密的情境）。菲利普・謝佛與加拿大心理學家奧德莉・布蕾斯爾（Audrey Brassard）、伊文・路西爾（Yvan Lussier）針對已婚夫妻或同居伴侶所做的研究發現，與其他依附風格的人相比，逃避型人士較少與伴侶發生性關係。

有趣的是，逃避型人士的伴侶若剛好是焦慮型，他們發生性關係的次數更是少之又少！專家認為，在瑪莎和克雷格這樣的關係中，之所以缺乏性愛，是由於焦慮型的那一方渴望大量親密肢體接觸，反而造成逃避型更加遠離。要逃避親密，還有什麼比減少性愛來得直接？

此外，焦慮型的人會把性愛當成一種自我肯定的方式，證明自己在伴侶眼中還有魅力。既然焦慮型人士十分看重性關係，逃避型人士又想逃避親密感，雙方的衝突自然無可避免。

當然，不是每一對焦慮型和逃避型伴侶都會在性方面遇到問題，這時，情感疏離就會以另一種形式表現出來。

生活親密圈

瑪莎和克雷格交往時，最在意的事情並不是性，逃避性愛只是克雷格眾多疏離戰術之一。克雷格日復一日，隨時隨地把各種疏離戰術在瑪莎身上，無論在與朋友相處或彼此獨處時，他的疏離戰術永不停歇。簡而言之，克雷格把瑪莎當作敵人來對待，這和別人眼中的他判若兩人，在外人面前，他總是展現細心和體貼的一面，就像瑪莎說的：「大家對他印象都很好，跟他不熟的人都會認為他是很棒的人。」克雷格的反差讓瑪莎摸不著頭緒，和他最親近的人就是瑪莎，他卻對瑪莎最殘酷，為什麼他對所有人都好，偏偏對她不好？這沒有道理。瑪莎以為，只要能讓克雷格發現自己傷害到她，克雷格就會像對別人好一樣對她好。

瑪莎並不知道，克雷格之所以對她如此差勁，並不是因為他忘了瑪莎是自己最親近的人，反倒正是因為他跟瑪莎過於親近。瑪莎屬於克雷格的「親密圈」，當伴侶進入我們的親密圈，我們就會視對方為最親近的親人，例如配偶與孩子（當我們還小時，最親近的人就是父母與兄弟姊妹）。然而，在焦慮型配上逃避型的愛情中，親密圈並不美滿。瑪莎進入克雷格的親密圈後，等於超出了安全界線，成了克雷格的敵人。瑪莎越是尋求親密，克雷格就越是遠離她。如果你是焦慮型，伴侶剛好是逃避型，那麼你們的親密圈很可能會像他們這樣。

如何判斷你是否成了伴侶的「敵人」

♥ 你不敢讓別人知道你的伴侶怎麼對待你。
♥ 聽別人說你的伴侶多麼溫柔、和善、體貼，你覺得難以置信。
♥ 你要偷聽伴侶跟別人的對話，才知道你的伴侶平常都在做些什麼。
♥ 伴侶遇到重大事件時，選擇找別人討論，而不是你。
♥ 如果發生緊急事件，你無法確定伴侶會不會拋下一切，陪在你身邊。
♥ 對你的伴侶來說，他給陌生人的印象比給你的印象來得重要。
♥ 聽朋友說他們的伴侶都對他們很好時，你覺得很驚訝。
♥ 你時常受到伴侶的言語侮辱或輕視。
♥ 你的伴侶不重視你的身心健康。

以上敘述，是否與你現在的處境相符？如果你的伴侶開始冷落你、對陌生人都比對你好、對你行使「緘默權」不跟你說話，代表你已經成為他的敵人了。你唯一的錯，就是跟一個無法忍受親密的人過於親近。

不過，如果你身在安全型依附人士的親密圈，情況就大不相同了。

貴族般的親密圈

- 你安好比什麼都重要。
- 每件事你都會最先知道。
- 你的想法勝過一切。
- 你感覺受到尊重和保護。
- 你對親密感的渴求會得到回報，甚至得到更多親密感。

跟瑪莎一樣，許多身處焦慮型與逃避型戀情中的人，都不相信所謂「貴族般的親密圈」真的存在，他們以為所有人的親密圈都一樣，還認定其他情侶只不過是沒有誠實說出真相罷了。然而，我們發現，「貴族般的親密圈」確實存在，而且不在少數。畢竟，安全型依附的人占了人口的一半，身處他們親密圈中的人，真的就受到貴族等級的待遇。

瑪莎和克雷格這段戀情中的「冒煙的槍口」

瑪莎和克雷格開始約會的初期，早已有許多跡象，就像在犯罪現場冒煙的槍口，一再警告瑪莎，她正一步步踏進陷阱：

- 瑪莎到田徑場為克雷格加油時，克雷格假裝沒看到她。
- 克雷格不想讓別人知道他們是一對。
- 瑪莎決定不再跟前男友見面時，克雷格很驚訝（由此可見他並不重視承諾）。
- 克雷格時常貶低瑪莎，瞧不起她。
- 克雷格三不五時就拿瑪莎和前女友金潔比較，覺得金潔什麼都比她好。
- 瑪莎擔心某些事或對自己沒自信時，克雷格的回應讓她感覺更糟。
- 更重要的是，綜觀以上行為，克雷格顯然無法妥善照顧瑪莎的情感需求。

何謂「冒煙的槍口」，請參考第五章。

勇於面對問題

許多身陷焦慮逃避感情陷阱的情侶，很難認清自己身處極大的困境。他們會承認自己並不滿意這段關係，隨即宣示：「但完美關係本來就不存在，每對情侶都會吵架，大家都會有心情不好的時候，我們跟大家都一樣。」他們說服自己，其實伴侶的所作所為沒那麼糟，或者像瑪莎一樣，就算意識到這段關係多可怕，但就是無法結束這段感情。他們可能會嘗試，後來又屈服於離開所帶來的痛苦，接著經歷反彈效應（rebound effect）。

反彈效應

既然已經明白自己成了伴侶的敵人，為什麼還是離不開？首先，因為離開是很痛苦的。雖然受到伴侶折磨也很痛苦，但要斬斷依附連結更令人痛不欲生。你的理智告訴你該離開，情感上卻不見得準備好了。構成依附系統的情緒迴路經過演化，讓我們無法忍受落單，為了讓我們重回愛人的懷抱，情緒迴路會讓我們在落單時，感受到強烈的痛苦。研究顯示，從造影可以看出，情人分手時，腦部發亮的區塊跟摔斷腿時是一樣的。對大腦來說，我們一旦分手，離開依附對象，就有如摔斷腿般疼痛。

除了感受到疼痛，分手時，我們的思考歷程也大受影響。我們的依附系統一旦啟動，就會觸發一個有趣的現象：我們會不斷想起為數不多的美好記憶，忘記大多數的相處經驗都是不好的，當我們感到悲傷時，會不斷想起伴侶以前多麼貼心，忘了當初就是對方先傷了我們。活躍的依附系統會產生非常大的影響力，所以瑪莎才會留在克雷格身邊這麼久。

重返犯罪現場

如果跟伴侶分手後又復合，會發生什麼事？哥倫比亞大學的米倫・赫菲（Myron Hofer）是親子依附心理生物學權威，他做研究時發現了十分有趣的現象。幼鼠與母親分離時，會產生一連串的生理變化：活動力降低、心跳減速，以及生長荷爾蒙分泌減少。後來，他逐步使用人工方式替代母鼠照顧幼鼠的方式，首先是將幼鼠放在電毯上，讓牠們感到溫暖，再把牠們餵飽，接著用刷子輕撫幼鼠，模擬母鼠舔舐。赫菲發現，每種方式都分別減緩一種分離焦慮症狀：餵食幼鼠使牠們心跳維持平穩，保暖使牠們保持活動力，用刷子輕撫則促使生長荷爾蒙分泌。

但是，只有一種干涉行為能夠一口氣減緩所有分離焦慮症狀，那就是讓幼鼠與母親團圓。

人也有非常相似的狀況。當我們經歷分手，依附系統開始加速運轉，就和幼鼠一樣，我們只想要回到愛人身邊。當一個人能夠瞬間讓我們所有的不適煙消雲散，我們自然無法抗拒再一次見到對方的渴望，光是與他們共處一室，我們所有的焦慮便完全消失，這是朋友或家人都做不到的事。

正因如此，許多人即便試過不只一次，都沒辦法真正做到徹底分手。這也解釋了為什麼瑪莎在分手後，還繼續與克雷格保持連繫。焦慮型人士可能需要很長的時間，才能走出一段不良的依附關係，時間長短由不得他們決定。等到他們身體裡每個細胞都完全相信，伴侶已經不可能改變，兩人也不可能復合，他們的依附系統才有辦法徹底停止活躍，真正放手。

逃出惡魔島

就算不知道什麼是「反彈效應」，瑪莎也看出自己身陷危機，畢竟她曾經體驗過反彈效應。瑪莎害怕自己又會心軟，所以當克雷格做出決定，承諾只要瑪莎再提一次離婚，他就會放她走，這讓瑪莎鬆了一口氣。她決定離開的那天晚上，一切都發生得很快，她帶著簡便的行李，打電話請她姊姊馬上來接她。從依附關係的角度來看，這個離開方式規劃得相當好。

因為與姊姊待在一起，瑪莎身處於熟悉的環境當中，安撫了她紊亂的依附系統；跟朋友講電話，感受他們的支持鼓勵，甚至是吃冰淇淋和巧克力，都對她很有幫助。這些方法都不能一口氣緩解她的分離焦慮，偶爾她會忘記為什麼非跟克雷格分手不可，這時，她的親朋好友就會提醒她為什麼該分手，有時一個小時就要提醒一次。

疏離戰術的優點

早在瑪莎真正離開克雷格的很久以前，她就下意識地逐步關閉依附系統，準備逃離。她花了好幾年的時間，努力維持她和克雷格的感情，無數次溝通、崩潰、為克雷格找藉口，最後終於放棄希望。我們訪問瑪莎時，她告訴我們，剛開始那幾年她天天哭，到了最後一年，她反而幾乎不哭了。這代表她開始抽離情感，不再相信有任何事會改變，也不再相信克雷格會改變。她注意到越來越多克雷格的缺點，而不是只聚焦於偶爾發生的正面經驗。這個過程，其實就是逃避型人士每天都在做的事，他們為了逃避親密，放大檢視伴侶的缺點，拒伴侶於千里之外。瑪莎雖然屬於焦慮型，但在情感上一次又一次受克雷格傷害後，她也開始使用「疏離戰術」。要把一個人踢出依附系統，採取疏離戰術是必要的手段。然而，當我們還與對方在一起時，就算採取這種策略，也不代表我們能夠免於反彈效應。與伴侶分離時，如果依附系統重新啟動，所有的努力都會付諸東流。在瑪莎的例子中，她採取的疏離戰術，確實幫她安全度過了剛分手的最初階段，最後順利離婚。

現在，瑪莎已經不再跟克雷格聯絡，他們也已經不是朋友了。如今，瑪莎找到了真正的靈魂伴侶。

如何度過分手期

根據依附原則，以下九種方式，可以幫助你度過分手的陣痛期。

1. 捫心自問：待在對方的親密圈時，你過得如何？如果沒辦法下定決心分手，你要自問，自己是受到貴族般的待遇，還是被伴侶當成敵人？如果是後者，那就離開吧。
2. 提早建立關懷網絡。儘早告訴親朋好友這段關係的實際情況。之前，你可能因為覺得丟臉或自己過得很慘，因此疏遠朋友。向朋友訴苦，不但能夠重新找回友誼，也能夠在你真的提出分手時，讓朋友及時幫助你（參見第七條）。

3. 分手後，前幾個晚上，待在舒適、能夠帶給你安全感的地方。剛開始，你會需要得到任何能得到的幫助。反彈效應的威力很強大，父母、兄弟姊妹和最親近的朋友，能夠幫你控制住想回到對方身邊的慾望。

4. 用其他方式滿足對依附的需求。接受身邊最親近的人的關懷，去按摩、運動、多吃健康的飲食，轉移注意力。只要能夠安撫依附系統，分手就不會這麼痛苦。

5. 如果不慎「重返犯罪現場」，也不要感到羞恥。不再和前任聯絡當然是較明智的選擇，但如果還是忍不住聯絡了，也不用太自責。記得對自己寬容，你的自我感受越差，越可能為了假性安全感，重返不好的關係。你越覺得自己糟，依附系統就會越活躍；依附系統越活躍，你就會越渴望重返愛人懷抱。

6. 難過無罪。記住，你的痛都是真的！朋友可能會勸你，趕快忘記前任，不要再自怨自艾，快點向前看……但我們知道，你所經歷的痛都是真真切切的存在，所以不要壓抑。給自己一點時間，好好寵愛自己的身心。如果你是真的斷了一條腿，一定會好好照顧自己直到痊癒，對吧？

7. 當美好回憶如洪水般襲來，請身旁好友點醒你。提醒自己，是依附系統在扭曲你對這段感情的看法。請朋友適時提醒你這段感情的真相，就算你時不時想念前任，美化對方，事實終究會慢慢取代這些想法。

8. 斬草除根：寫下你決定離開的所有原因。你的目標是要關閉依附系統，最好的方式就是回想關係中不好的時刻。把這些事情都寫下來，讓你牢牢記住。當美好回憶排山倒海而來，就把這份清單拿出來看。

9. 記住，不管現在有多痛，都會過去的。大部分的人都能夠順利熬過情傷，找到更適合自己的人。

第四部／安全型戀愛：提升相處技巧

第十一章／有效溝通，確實傳遞想法

透過有效溝通，找到對的人

蘿倫跟伊森約過幾次會以後，覺得非常疑惑。他們第一次出去，是在一間很有氣氛的海灘酒吧，花了幾小時互相了解對方，那天晚上，伊森匆忙道別之後就消失了。令蘿倫驚訝的是，伊森又打電話約她出去，這次是在一間水岸酒吧，他們喝了幾杯，一起跳舞，甚至一起到海邊散步，但一樣什麼事都沒發生，伊森丟下一句「再聯絡」就走了。第三次約會也是同樣的模式。蘿倫是焦慮型依附人士，她想，可能是她對伊森沒有吸引力，但如果是這樣，伊森為什麼還一直約她出去呢？難道他只是想要有人陪？沒有得到確切答案前，蘿倫還是想見他，因為蘿倫真的很喜歡他。蘿倫的好朋友鼓勵她不要憑空揣測伊森的想法，應該直接問他。

通常，蘿倫不會有勇氣主動開口，因為她很害怕得到傷人的答覆。現在，她再也不想把寶貴的時間浪費在錯的人身上，所以她主動向伊森提出疑惑，一開始還有點放不開，但隨著對話進行，她越來越敢於坦率表達自己的想法：「我想要的不單純是柏拉圖式的感情，你呢？」出乎她的意料，伊森很喜歡她，也渴望找到伴侶。然而，蘿倫繼續追問他的「不接觸原則」時，他開始支吾其詞，給不出確切答案。雖然蘿倫還是不知道伊森為何不喜歡肢體接觸，但她清楚地明白了他們沒有未來。

蘿倫不再把伊森視作未來可能的伴侶人選，但他們還是朋友。伊森坦白告訴她，他陸續跟幾個女生約過會，她們也都對他難以捉摸的行為心灰意冷。蘿倫把種種線索拼湊起來，終於恍然大悟，伊森的行為看似神秘，其實再清楚不過：伊森對自己的性向感到疑惑。蘿倫非常慶幸她當初鼓起勇氣找伊森問清楚，才不至於浪費好幾個月等待，到最後還是期望落空。

蘿倫的故事就是有效溝通的好例子。直接把你的需求和期望告訴伴侶，避免指責的口吻，這將會是很強大的工具。雖然安全型依附人士自然而然就會使用這些方法，可是對於焦慮型或逃避型人士來說，這種做法可能徹底違背他們的直覺。

蘿倫選擇直接與伊森溝通，就不用再臆測伊森內心的想法。對伊森來說，如果蘿倫心甘情願地無限期忍受這些行為，便是正中他的下懷，他會有個可以向親友炫耀的女朋友，省得他們再煩他，也有充分的時間釐清自己的性向。不過，蘿倫向伊森表明自己的需求，保護自己免於陷入泥淖，受到他人擺布。在這個例子中，問題不在於依附風格，但蘿倫不可能事先得知伊森究竟為什麼這樣做。如果伊森的行為單純是反映了他的依附類型，有效溝通也能釐清這一點，這樣蘿倫和伊森就能夠儘早發現彼此的依附風格相互衝突。

不過，如果蘿倫直截了當向伊森攤牌，讓伊森極為尷尬，最後發現這跟依附類型和性向都無關，純粹只是因為他太害羞呢？我們恰巧知道有人有過這樣的經驗。

媞娜遇到的情況和蘿倫很像。她和塞傑第三次約會時，兩人坐在沙發上看電影，媞娜心想塞傑怎麼不主動呢？她經歷過好幾段無疾而終的感情，不想再花太多時間揣測塞傑的想法，所以她嫵媚地對塞傑微笑，直接對他說：「你不吻我嗎？」塞傑先是嚇了一跳，愣了幾秒，咕噥幾聲，才鎮定下來，俯身吻她。自此以後，塞傑的害羞再也不是什麼大問題，他們已經交往三年，感情穩定。

這個例子中，用挑逗的方式索吻就是很好的有效溝通。媞娜直接表達自己的需求，雖然尷尬了一兩秒，但她的直接大大使這段關係升溫，讓他們身心的親密度更上一層樓。就算塞傑做出不一樣的反應，導致關係往另一個方向發展，有效溝通還是很有意義，因為人面對有效溝通的反應，會洩漏不少心思。因此，有效溝通能夠避免我們踏入沒有未來的關係，如同蘿倫和伊森的例子；也能幫助關係升溫，如同塞傑和媞娜的例子。

有效溝通之所以重要，便是因為每個人都有不同的依附風格，情感需求也都不同，無關好壞。如果你屬於焦慮型，你對於親密感的需求會很強烈，必須再三確認伴侶愛你、尊敬你；如果你屬於逃避型，你會需要在身體和心靈上都與伴侶保持一定的距離，也需要保有相當程度的自主權。想要有一段美好的關係，就應該與伴侶維持良好的溝通習慣，讓彼此知道對方需要什麼，一味訴諸攻防戰對感情於事無補。

為什麼要使用有效溝通？

有效溝通，主要是為了達成兩個目的：

♥選擇合適的伴侶。要判斷心儀對象是否能夠滿足你的需求，有效溝通是最直接快速的方式。透過有效溝通，你就能在短短五分鐘內得到重要資訊，比你跟對方約會好幾個月還要多。如果約會對象展現十足誠意，願意傾聽你的需求，把你的快樂擺在第一順位，那麼你們的未來大有希望；如果對方視你的需求如無物，讓你感到自卑、愚蠢或自己貪得無厭，那麼你大概就會知道，這個人並沒有把你放在心上，也會明白你們合不來。

♥無論剛開始交往，或已經交往一段時間，都要確認你的需求確實得到滿足。把需求說出來，你的伴侶才有辦法達成，這樣一來，他們就不需要去猜測是什麼事讓你心煩。

有效溝通能幫助你把弱點轉換成優勢，如果你時常需要確認伴侶是否愛你、自己是否有吸引力（至少是在交往初期），你不必因為自認太黏，超過了一般人能接受的程度，而隱藏真實想法。你應該主動出擊，坦率表達，這樣你不但不會處於下風或顯得貪得無厭，反倒能充足展現自信，提升自我價值。當然，所謂有效溝通，是要避免傷害對方，不讓對方難堪，讓他們願意敞開心胸，不至於感覺受到攻擊、批判或責怪。

有效溝通的另一個好處，是為伴侶建立學習榜樣。你決定這段感情的基調，讓對方明白你們可以對彼此坦誠，照顧彼此的情緒和幸福是雙方神聖的責任。當伴侶見到你願意敞開心房，他／她也會這這樣做。正如第八章所說，用有效溝通來改善關係永遠不嫌晚。安全型人士在日常生活中，無論是對伴侶、子女或在工作上，都時常使用這項強而有力的工具。有效溝通真的能夠改變你對待自己與別人的方式。

察言觀色

有效溝通可能沒辦法馬上解決特定問題或消除歧見，但你可以馬上看出伴侶多重視你的快樂與幸福：

♥他／她是否願意深入了解你在意的事？
♥他／她選擇面對問題，還是閃爍其詞？
♥他／她認真看待你在意的事，還是貶低你，讓你覺得自己很傻？
♥他／她有想辦法讓你感覺好一點嗎？還是忙著為自己辯護？
♥對於你在乎的事，他／她只就事論事，還是會照顧到你的情緒？

如果你的伴侶非常積極參與溝通，發自內心在乎你是否快樂、是否有安全感，恭喜你，這段感情很值得繼續經營下去。反之，如果伴侶一直閃避重點、做出防衛心很重的反應、讓你覺得自己很傻或是太無理取鬧，你就該審慎思考了。

非安全型的人為什麼比較難進行有效溝通？

有效溝通乍聽之下很簡單，只要下定決心，誰做不到？對安全型人士來說，是這樣沒錯，但對於非安全型的人來說，他們常常弄不清楚自己真正在意的事，情緒一來就爆發了。研究顯示，安全型人士通常不會有這麼激烈的情緒反應，能夠心平氣和，有效傳達自己的感受，照顧到伴侶的需求。安全型人士相信自己值得愛和關懷，期待伴侶回應自己的需求、關懷自己，因為抱持這些信念，他們不會讓負面思考影響自己的情緒，反而能夠平心靜氣，相信伴侶會給予正面回應。事實上，這樣的態度是會感染別人的。加州大學聖塔芭芭拉分校的南希．科林斯和南加州大學的史蒂芬．雷德（Stephen Read）共同做了一個研究。科林斯主要研究建構成人親密關係的社會和認知歷程，這些歷程又如何影響人的健康和幸福感；雷德則專攻社會行為和推理的神經網絡模型。這項研究指出，安全型依附風格的人就像「有效溝通教練」，能夠鼓勵別人敞開心胸，說出內心深處的想法。但如果你不是安全型人士呢？

如果你是焦慮型……

當你覺得感情受到威脅，負面情緒就會排山倒海而來，凡事都往最壞的地方想。你和安全型恰好相反，並不奢望伴侶給予正向回應，因為對你來說，感情關係這麼脆弱又不穩定，很有可能下一秒就分崩離析。其實，就是這些想法和假設，讓你無法有效表達個人需求。就算你終於和伴侶談談，可能也是情緒爆炸，語帶指責，甚至批評或是威脅伴侶。這樣一來，你的伴侶非但不會給予你需要的安慰，還會不敢跟你溝通。事實上，科林斯和雷德的研究就證實了這一點：和焦慮型戀人交往的受試者較少自我揭露，也自認溝通能力較差。結果，由於你未能好好運用有效溝通，表達個人需求的方式反倒讓伴侶敬而遠之，接著你只好採取反抗行為，藉由失控的舉動來表達對親密感的需求。如此一來，你就喪失了有效溝通的好處，況且反抗行為根本無法解決你的擔憂。更糟糕的是，伴侶還可能做出負面回應，你卻無從得知他是在回應你的反抗行為，還是你的需求。

舉例來說，你怕伴侶偷吃，所以不停地打電話給他，最後他受夠了，決定和你分手。這時候你只能猜測，到底是你太黏讓他受不了，還是他覺得你們倆不適合才分手。你當初想知道的，是他夠不夠在乎你，願不願意安撫你、想辦法讓你得到安全感與愛，但是，反抗行為讓你得不到想要的答案。

因此，雖然你害怕受傷是情有可原，我們還是建議你不要採取反抗行為，而是要勇敢地奔向有效溝通的懷抱。我們可以坦白告訴你，採取有效溝通的情侶長期下來，都非常感謝這種溝通方式。通常，有效溝通能夠展現伴侶對你的強烈情感，增強伴侶間的連結，因此讓情侶十分放心。有些時候，有效溝通帶來的並不是你樂見的結果，甚至會讓你覺得自己毀了一切，暗自希望當初沒這麼做就好了；不過時至今日，我們從來沒聽說有誰後悔提出與感情、交往有關的重要問題。事實上，這些情侶都非常慶幸採取了有效溝通，讓他們離長期目標更進一步：找到對的人，或是增強與現任伴侶的感情。

就拿希拉莉的例子來說，在一個陽光明媚的週六早晨，她想約史蒂夫來個浪漫散步，但她打給史蒂夫的時候，史蒂夫正要開始洗衣服，說晚點再打給她。希拉莉的朋友看她很沮喪，說服她再回撥給史蒂夫，要他散完步再洗衣服，因為今天的天氣實在太棒了。結果史蒂夫不僅再次重申他早上一定要洗衣服，還說乾脆當天就不要見面了。希拉莉心灰意冷，對那位出主意的朋友非常生氣，她覺得自己太過熱情，反而毀了可能的戀情。過了幾個月，希拉莉和史蒂夫的某個共同好友說，史蒂夫離婚後依舊非常低落，現階段沒興趣也沒辦法展開新戀情。希拉莉才知道，那天早上她堅持打電話，反而讓她日後不用因為史蒂夫心碎。本來希拉莉對朋友極為不滿，但她發現，那位朋友教了寶貴的一課：如何有效傳達自己的需求。這是希拉莉第一次在戀情中坦率表達需求，不耍小手段，雖然她和史蒂夫沒在一起，至少也努力爭取過了。希拉莉也明白，別人對她態度不佳，通常不是因為她不夠迷人或缺乏吸引力。

另一個例子也顯示，坦白說出個人想法，是強而有力的溝通方式。

長久以來，珍娜一直不敢向約會對象坦承她其實很想結婚生子，她怕這樣說會顯得太迫切。等到她四十歲，珍娜決定把生理狀況放在第一，於是決定在約會一開始，就大膽告訴約會對象：她想當媽媽，也只願意跟想快點生小孩的男性約會。她認為大部分的男人聽到後會敬而遠之，但被拒絕對珍娜來說已經無關痛癢。剛開始，確實有不少約會對象因此而退避三舍，但珍娜也遇到想法相同的奈特。奈特不僅覺得珍娜十分有主見，也喜歡她無懼說出個人想法的樣子。有效溝通讓珍娜的問題迎刃而解，如今她和奈特生了兩個小孩，幸福快樂地過著日子。

雖然我們知道，有效溝通對焦慮型依附人士來說並不簡單，但你也可以像珍娜和希拉莉一樣採取有效溝通。

如果你是逃避型戀人……

兩人互相了解會拉近距離，但有效溝通也能幫助逃避型戀人。逃避型的人通常不知道自己需要距離和獨處的空間，只知道自己偶爾會想要離開伴侶，卻不了解其中原因。一旦這種感覺出現，你就會以為這是因為伴侶不再吸引你了，既然如此，也就沒什麼好說了吧？他或她大概不是「對的人」，又何必繼續下去？但是，之後的感情依然不斷失敗，你一次又一次重複惡性循環。因此，如果你是逃避型，首要之務就是在你覺得太過親密的時候，認清你需要空間（不論是情緒上或生理上），並學習如何和伴侶溝通。你要事先告知伴侶，一旦兩人變親密，你就可能會需要一些獨處的空間，這並不是在針對他或她，而是你在每段感情中都會遇到的狀況（這點非常重要）。這樣應該能讓伴侶安心，依附系統不至於失控，如此一來，伴侶就不會努力拉近關係（從而避免最容易讓你不自在的現象），也就不會導致雙方開始你追我逃的惡性循環了。

安德列斯是逃避型戀人，他發現自己患有慢性自體免疫疾病時，他和莫妮卡結婚已經超過二十五年了。醫生說這個疾病無法治癒，但因為他年紀也不輕了，所以應該不至於影響壽命，只是安德列斯必須定期回醫院做血液檢查。安德列斯起初十分震驚，但過了一陣子也就沒那麼在意，繼續過著日常生活。莫妮卡卻辦不到，她無法接受這種「一切照舊」的生活方式，於是試著說服安德列斯另尋名醫，或者建議他在網路上查資料。安德列斯通常會避開這類對話或者敷衍，但有時候兩人會為此大吵。僵持了數個月後，安德列斯終於正面回應莫妮卡。他知道，莫妮卡會有這種反應完全是出於擔心，但是莫妮卡非但沒幫上忙，反而讓安德列斯每天都想到自己生病了。安德列斯完全信任主治醫生，也認為沒必要打聽其他治療方法，他覺得莫妮卡的行為不僅無法改善他的健康，還會危及兩人的感情。莫妮卡知道自己在幫倒忙，這些只是她自己面對疾病的處理方式，但並不是安德列斯的意願。莫妮卡明白，如果她尊重安德列斯的意願，不要逼他照著自己的方法走，反而會是更能支持他的好伴侶。從此以後，莫妮卡鮮少再提到這些事（雖然偶爾還是會講），兩人不再激烈爭吵。

如何在感情關係中善用有效溝通，確保個人需求不會受到忽略

莫妮卡和葛雷戈已經在一起好幾個月了，眼看七月四日的假期就要來臨，莫妮卡計畫和朋友們度過佳節，但是她還沒邀請葛雷戈一起加入，至少現在還沒。葛雷戈越來越沮喪，擔心莫妮卡只把他當成人生中的過客，還是莫妮卡認為他上不了檯面，才不把他介紹給朋友？葛雷戈不想直接問莫妮卡，害怕這樣會顯得很黏又缺乏安全感，所以他決定試探：「我不確定四號要做什麼耶，有人約我，但我還沒決定到底要跟誰去過節。」事實上，葛雷戈並沒有出遊計畫，他會這麼說，只是不想讓莫妮卡覺得必須邀他。不過，莫妮卡沒有領會到葛雷戈的弦外之音，還以為葛雷戈真的在煩惱要赴哪個約，所以認真替葛雷戈想辦法。葛雷戈索性放棄，覺得都暗示成這樣了，既然莫妮卡還是不邀他，那一定代表莫妮卡真的非常不希望他去。葛雷戈怒火中燒，決定慎重思量莫妮卡是否真的適合他。

如果葛雷戈善用有效溝通呢？葛雷戈是焦慮型戀人，並不擅長有效溝通，比較習慣採取反抗行為。然而，這次他決定採用不同的方式，告訴莫妮卡：「我想跟你一起過節，你要和我的朋友一起過呢，還是想要我加入你們？」莫妮卡說她沒邀請葛雷戈，是因為她覺得葛雷戈不會想和她的高中死黨一起過節，不過如果葛雷戈願意來，那當然沒問

題！一個簡單的問句，就讓葛雷戈得到他想要的答案。有了這次成功的對話，兩人開始覺得敞開心胸不是什麼難事。

但如果莫妮卡拒絕了葛雷戈呢？其實，不論結果如何，有效溝通都會帶來好處。就算莫妮卡刻意忽略葛雷戈的問題，還改變話題，至少葛雷戈能發現問題所在。他會視此為警訊，開始評估莫妮卡是否能回應他的需求，或撫平他敏感的情緒，而且這次他的懷疑會是有理有據，不是毫無根據的猜測。我們不是要建議葛雷戈僅憑莫妮卡的一個舉動，就立刻和她分手，但如果莫妮卡以後再次採取類似的逃避策略，至少有效溝通的成果鐵證如山，葛雷戈可能就要考慮另尋真愛了。

採取有效溝通的時機

每當有人問我們什麼時候要用有效溝通，我們總是不假思索的回答：「任何情況都行！」但接下來大家常常問：「所以說，只要我開始擔心，都要立刻提出來嗎？我是焦慮型，要是每次我一擔心或是懷疑就要說出口，那簡直是說也說不完了！」一般來說，如果你遇到心煩意亂的事，就立刻處理，並且從伴侶那裡得到正面的回應，你整個人的態度都會因此改變。缺乏溝通或者負面情緒累積的時候，反而更容易擔心害怕。

除非你已經是有效溝通的能手，否則我們建議你參考以下的基本法則：

♥ 如果你是焦慮型：一旦你出現反抗行為，請立刻採取有效溝通。如果伴侶的言行（或是對方沒做、沒說的事）觸動了你的敏感神經，讓你很想採取非常手段，像是不接對方的電話、威脅分手或其他反抗行為，請立刻停止。弄清楚自己真正的需求，採取有效溝通。但是，務必確認你真的完全冷靜下來了（有些焦慮型人士要過一兩天才會真正冷靜）。

♥ 如果你是逃避型：當你無法克制想要逃走的衝動時，就是使用有效溝通的時機了。用有效溝通，向伴侶解釋你需要空間，也說明你願意採取對方可以接受的方式。多提幾個替代方案，確保你顧及伴侶的需求。如此一來，你會更有可能獲得喘息空間。

就算出師不利，使用有效溝通永遠不嫌晚

星期六，賴瑞收到一封關於工作的電子郵件，內容很令他不安，那時女友希拉跟朋友出門了，賴瑞和希拉已經交往七年。希拉回家拿健身用品，準備再次出門，賴瑞氣急敗壞地說：「妳又要出門？妳才剛回家耶，我週末幾乎都遇不到妳！」此話一出，賴瑞

自己也覺得這麼說並不公平。賴瑞毫無根據的攻擊讓希拉十分吃驚，因為賴瑞知道她今天有約，而且希拉出門前還跟賴瑞再三確認，如果賴瑞希望她留在家的話，她也可以取消約會。屋裡的氣氛瞬間降到冰點，兩人沉默良久。過了一會，賴瑞冷靜下來，意識到他是因為看了公司傳來的電子郵件，希望希拉待在他身邊給予安全感，卻又不敢要求希拉改變計畫，結果本能地訴諸反抗行為，故意找碴吸引希拉的注意。他為了自己沒有坦白表達需求向希拉道歉，並且解釋來龍去脈。希拉了解原由之後，也冷靜下來，給予賴瑞需要的支持，但賴瑞堅持讓她去健身房。

雖然賴瑞一開始做出反抗行為，但他發現，只要伴侶願意接受，即使晚了一點才使用有效溝通，仍然能緩解緊張的狀況。

有效溝通五原則

這些原則和有效溝通一樣直截了當：

1. 流露真情。有效溝通需要完全誠實地展現情緒。不要害怕表達你的情緒！
2. 聚焦於自己的需求。有效溝通的目的，是傳達你的需求。但是，表達個人需求時，也要將伴侶的需要納入考量，如果他們因此受傷，你也不好過，畢竟你和伴侶是情緒共同體。表達需求時，運用「需要」、「覺得」和「想」等詞彙相當有幫助，將重點放在你希望達成的目標，而不是伴侶的缺點，比如：

♥「我需要建立這段感情的信心。你和女服務生聊天的時候，我覺得被冷落了。」

♥「你在朋友面前反駁我的意見，讓我覺得自己很沒用，我希望你可以尊重我的意見。」

♥「我希望能夠信任你。每次你和朋友上酒吧，我都害怕你會劈腿。」

3. 清楚明瞭。如果使用模稜兩可的話溝通，伴侶可能不知道你到底想要什麼，滿足你需求的機率也會降低。請直截了當說出你的憂慮：

♥你不留下來過夜的時候……

♥你沒有每天關心我……

♥你說愛我但又收回這句話的時候……

4. 不指責。千萬不要讓你的伴侶覺得他很自私、軟弱或不夠格。有效溝通不是要強調對方的缺點，指控對方不但會適得其反，還會讓雙方開始唇槍舌戰。記住，冷靜下來再討論事情。你會發現，在情緒爆發邊緣試著運用有效溝通，只會造成反效果，因為你的語氣會顯得很生氣、控訴。

5. 立場堅定。你的感情需求很重要。雖然在不同感情風格的人眼中，或許認為你的擔心沒什麼大不了，但這些需求關係著你的快樂，而誠實表達需求是有效溝通的重要環節。如果你是焦慮型人士，這點對你來說更為重要，因為我們的文化讓你誤信自己的需求並不合理，但是，你的需求對別人來說是否合理並不重要，重要的是需求攸關你的快樂。

情侶交往的米蘭達宣言：一開始就採用有效溝通

美國聯邦最高法院於一九六六年確立了米蘭達宣言（Miranda warning），警察必須向嫌疑人宣讀米蘭達宣言，告知其權利：「你有權保持沉默。如果你開口，你所說的每一句話都將作為呈堂證供。你有權在接受訊問時要求律師在場，如果你無力負擔律師費用，法庭將免費為你指派一名律師。你是否了解你享有的權利？」

我們的同事黛安，曾經開玩笑地說前男友也會對她宣讀「米蘭達宣言」，這些男人會告知黛安她在交往時有什麼「權利」。他們會說：「我還沒準備好定下來。」這句話的潛台詞是：「如果我們分手了，別怪我沒事先警告你。」很顯然的，這些男人就像被法律保護的警察，他們認為向黛安宣讀「宣言」之後，就不用為她的情緒負責。

你也可以按照依附原則，制定屬於你的安全型米蘭達宣言（而不是逃避型），大略描述你的愛情觀，告訴對方，你相信相愛的兩人會把靈魂交給彼此保管，因此有責任共同維繫保衛這段關係。

藉由跟伴侶溝通安全型的模式，你就能在交往初期建立安全型的依附關係：

- 你能坦率表露情緒。
- 你能評估伴侶的反應。
- 你願意和伴侶攜手建立相互依賴的安全型關係。

有效溝通教戰手則

展開行動

如果你還不習慣運用有效溝通，把想說的話事先擬成草稿會非常有幫助。最好不要在心情沮喪的時候做這件事，如果朋友建議你用間接的方式表達個人需求（像是讓伴侶吃醋），請不要採納這種建議。你可以詢問依附風格輔導人（參見第八章）、具有安全型特質的朋友，或是任何熟悉有效溝通原則的人，請他們教你適合的說法。擬好內容後，請重複朗誦，直到能夠放鬆地說出口。寫草稿會讓你克服恐懼，不至於臨陣退縮或「忘詞」，有自信地開口對伴侶說出需求。一旦掌握這個訣竅，並且嘗到有效溝通帶來的正面影響，以後你就能運用自如。

小練習：回答下列問題，決定草稿主題

1. 為什麼我在這段感情中，覺得不自在或缺乏安全感（拉近戰術跟疏離戰術都算）？伴侶的哪些行為造成這些感覺（可以參考第九章的感情清單）？
2. 伴侶做哪些行為，會讓我感受到愛、更有安全感？
3. 上述行為中，有哪些是我可以自在和伴侶討論的？

最後一個問題的答案，可以引導你找出第一次有效溝通的主題。現在根據這個主題試擬草稿，寫的時候，務必將有效溝通五原則銘記在心。

我的草稿：

參考以下範例，觀察無效溝通為何會使對方產生許多種不同的解讀，有效溝通則傳達清楚的意思。所以，相較於無效溝通跟反抗行為，你的伴侶對於有效溝通的反應，才會比較準確傳達他真正的想法。

狀況	無效溝通（反抗行為）	有效溝通
他工作繁忙，你們倆幾乎見不到面。	每隔幾個小時就打給他，確保他時時想到你。	說你很想念他，就算你知道他這麼忙碌只是暫時的，你還是很難適應他的新行程表。
你說話的時候她都沒有用心聽，這讓你覺得可有可無，而且容易被誤解。	你們說話說到一半，突然起身走到另外一個房間（暗自希望她會追過來向你道歉）。	告訴她，你無法接受她只聽卻不回應。向她強調，正因為你最重視她的意見，她的想法對你來說很重要。
他常常提起前女友，讓你非常沒有安全感。	對他說，到現在還一直提前女友實在很可悲。或是提起以前的約會對象，讓他嘗嘗妳的感受。	讓他知道，屢屢談到前女友會讓妳覺得自己不夠好，也不確定該怎麼回應。告訴他，安全感是讓妳快樂的要件。

他總是到了最後關頭才打電話來約妳。	不管他什麼時候打來，妳都說在忙，希望他會明白下次要提前約妳。	解釋妳因為不知道見面時間而心神不寧，希望最好有個大略的時間表，能夠事先知道見面時間。
她刻意不接你電話，等自己有空才回電。	默默忍受。	告訴她，對你而言立刻回她電話很重要，如果她也可以立刻回電，你會非常開心。
他好多天都沒打給妳，妳害怕他要提分手。	等他終於打給妳，就說妳在忙，讓他也嘗嘗苦頭。	告訴他，一直搞失蹤讓妳很受傷。在一段戀情中，妳覺得最重要的事情，就是男朋友盡可能將妳擺在第一順位。

請記住，就算採取有效溝通，有些問題仍然需要一些時間解決。最重要的是伴侶的反應，觀察他或她是否關心你的心情、時時惦記著你的安好，又是否願意攜手解決問題。

第十二章／解決問題：面對衝突五原則

吵架會讓我們更快樂嗎？

許多人對感情衝突有錯誤的觀念，誤以為模範情侶不常吵架。我們往往以為，極度契合的情侶對事情的看法往往一致，所以不會爭吵，爭吵常常被當成兩人不和的「鐵證」，或是感情失控的證據。依附理論告訴我們，這些猜測毫無根據，所有戀人都會吵架，就連安全型戀人也會。情侶間的滿意度跟意見不合的程度沒有直接關係，關鍵在於表達不同意見的方式，以及造成意見分歧的事。依附理論的研究人員發現，衝突其實是拉近情侶距離並增強聯繫的機會。

衝突能分為兩種：日常生活衝突及親密型衝突。第八章提到，親密需求截然不同的情侶即使努力找出共同點，也顯得有心無力；這些相互衝突的需求影響了每個生活環節，然而通常會是其中一方全面妥協。日常生活衝突中，通常不會牽涉到親密需求的問題。

日常生活衝突

日常生活衝突，顧名思義，指的是兩人共度日常生活，卻因個性或意見不同而必然發生的爭執，諸如要看哪一台電視頻道、冷氣溫度要設幾度、要叫中式外賣或印度料理等等。這些爭執其實是好的，因為你必須考慮另一個人的感受，學習妥協。對人類來說，最殘忍的處罰莫過於單獨監禁，因為我們是社會化的動物，與人相處才能真正快樂。雖然有時候，維持彈性的思考和行動代表必須踏出舒適圈，但正因如此，我們的心靈和腦細胞才能永保青春活躍。

即便你和伴侶的需求喜好完全不同，依舊要顧及對方——這聽起來容易，卻很難做到。有趣的是，安全型人士天生就知道如何處理這種狀況。他們能降低火藥味，緩解逐漸升溫的衝突。如果你在爭吵的時候，因為對方真心在乎你、考慮你的感受，而感到十分意外，那你可能就是遇到安全型人士了。但是，天生不會這項技巧的人，能夠學會這種與生俱來的特質嗎？

事實上，只要進一步觀察，會發現安全型人士看似直覺的反應，背後其實是有一套方法的。這套方法並不是魔法，而是安全型人士的務實做法。我們不僅歸納出安全型人士降低衝突的五種行為，也相信一般人可以學習這些做法，成人依附理論一次又一次地告訴我們，依附風格的可塑性很高，而且學習新的感情技巧永遠不嫌晚。

安全型原則，有效解決衝突

以下列舉幾個案例，讓我們來看看，安全型戀人與伴侶意見分歧的時候，會怎麼運用以下五項原則來溝通。

解決衝突五原則

1. 展現對伴侶的關心
2. 專注於眼前的問題
3. 不要以偏概全
4. 願意開口談
5. 有效溝通感情和需求

展現對伴侶的關心：波克夏小屋

法蘭克熱愛大自然，他父母留給他一棟位於波克夏的避暑小屋。但姍迪不喜歡大自然和小屋，她覺得每次打包行李都非常麻煩，而且去波克夏不僅路途遙遠，還經常塞車，對她來說，波克夏根本不值得她這麼大費周章。她和法蘭克大吵幾次後，才發現兩人如此堅持己見、刻意忽略對方的想法，只會讓彼此不開心。儘管兩人對於休閒時光的偏好大相逕庭，他們仍找出一個可行的辦法。一旦姍迪發現法蘭克快受不了城市生活，她就會妥協，跟法蘭克一起去森林探險。同樣的，當法蘭克看出姍迪不想再旅行了，兩人就待在城市裡一段時間，這時法蘭克會安排一些戶外活動，舒緩自己的壓力。這雖然不是個完美的辦法，畢竟有時其中一方還是會抱怨或感到沮喪，但至少他們一起想出折衷辦法，彼此為對方遷就。

法蘭克和姍迪都知道，一段良好關係的前提，就是尊重伴侶的需求。忽略伴侶的需求，也會直接反映在自身的情緒、滿意程度，甚至是身體健康上。我們常常把衝突視為零和遊戲，不是你贏就是我贏，但依附理論告訴我們，伴侶是否快樂，也會影響我們自己的快樂程度，反之亦然，兩者密不可分。雖然法蘭克和姍迪的期望不同，但兩人建立了一種相互配合的妥協方式，讓彼此知道伴侶願意理解自己的需求。從依附的角度來看，這是非常有回饋感的經驗。

專注於眼前問題：喬治的亂房間

凱莉說：「剛開始約會的時候，有一次我和喬治經過他的公寓，他沒有邀我進去，說公寓正在翻新，不想讓我看到亂糟糟的樣子。我生性敏感多疑，很難相信這個理由，自己下了結論，想像喬治的廁所裡多了一支牙刷，床上放著另一個女人的內衣褲。喬治注意到我突然被低氣壓籠罩，立刻問怎麼了。我說他一定有事瞞著我，最後不歡而散。「但是，隔天傍晚，喬治邀請我去他家。我上樓梯的時候，他開了門，做出邀請的手勢，對我說：『請進，請進，請進！』結果公寓裡確實亂到極點，我們兩個相視一笑，誤會立刻冰釋了。」

喬治之所以能夠改變局勢，是因為他屬於安全型戀人。雖然他的反應看起來十分自然，但如果仔細觀察，就會發現不是所有人都能自然做出這種行為。喬治只專注於眼前的問題，當屬於焦慮型的凱莉偏離了當下的狀況，開始猜疑，喬治看穿了她的反抗行為，明白凱莉真正在意的事情。喬治的行為完全符合依附理論的研究結果，伊利諾州立大學的依附實驗室負責人蓋瑞・克里希（Gary Creasy），特別研究了依附關係中的衝突，和同樣來自伊利諾州立大學心理系的馬修・海森・麥金尼斯（Matthew Hesson-McInnis）合作，發現安全型人士比較能夠了解伴侶的感受，並專注於解決眼前的問題。喬治有效、快速地解決凱莉的恐懼，繼而避免更多衝突。喬治建立安全型連結的能力，讓兩人都因此受益：凱莉現在知道伴侶非常負責任，在乎她的感受；喬治則是發現凱莉能夠接納他雜亂的公寓。當兩人願意解決特定的問題，他們會覺得伴侶聽進了自己的心聲，關係也會更加親近。

但是，安全型人士並不是每次都能優雅地解決問題，他們也可能情緒爆發，忽略伴侶的需求。

不要以偏概全：購物

泰莉和艾力克斯年約五十，雖然兩人都屬於安全型，但他們這三十年來沒有不吵架的一天，吵架儼然成為兩人的生活習慣。泰莉會用手機發詳細的購物清單給艾力克斯：要買番茄糊、全麥麵包和義大利麵，幾個小時後，艾力克斯會帶著類似的食材回來，但其實是買了牌子不一樣的義大利麵，買到番茄膏而不是番茄糊，搞得泰莉非常沮喪，大聲說這些食材不能煮菜，激動地說她要自己去重買。接著艾力克斯會氣到抓住食材衝出家門，從超市帶回正確的食材，一整天的氣氛就這麼因為衝突而毀了。

雖然泰莉和艾力克斯非常重視彼此，卻從來沒想過要認真解決吵架成習慣這件事。如果稍微下點心思，就會發現，找出新的解決辦法是很有意義的。既然艾力克斯總是忘東忘西，沒辦法留意小細節，那為什麼硬要派給他不可能的任務呢？泰莉覺得這些小細節非常重要，她就是沒辦法不去注意這些事。但是，這不代表泰莉就應該打理一切，他們需要一個有創意的解決之道。下一次，艾力克斯在超市的時候，泰莉可以打電話確認他買到正確食材；也可以線上訂購，然後叫艾力克斯去拿；或是由泰莉親自去買，再叫艾力克斯幫忙做家事。他們應該找出一個對雙方來說都比較容易接受的方式，好好解決問題。

值得注意的是，即使他們每次都為小事大吵，卻機靈地逃過不少致命的感情陷阱。最重要的是，他們不會讓衝突影響生活中的其他層面，也從未讓爭吵失控。泰莉和艾力克斯避免攻擊、貶低對方，每次爭吵，都只針對當下的問題，從不過度反應。雖然泰莉威脅要親自去超市，有時候也真的去了，但她不會說：「我真的受夠了！」或是：「你知道嗎？你就自己煮吧，我要走了。」

願意開口談

上述提到的衝突裡，不論是用和平手段解決或爭吵，安全型人士在情緒或生理上，都只對「當下」的問題做出反應。喬治自然而然地忽略凱莉的攻擊，願意安撫凱莉的不安，還徹底扭轉局面，而且從頭到尾都積極處理。如果是逃避型或焦慮型戀人，他們可能會退回自己的小世界，與凱莉拉開距離，或甚至發展出敵意。

法蘭克和姍迪本來也可能拒絕妥協，姍迪可以直接說：「隨便你要怎樣，反正我週末要待在城市裡！」然後拒絕進一步討論；法蘭克也可以做一樣的事。如此一來，兩人就會僵持不下，一邊各自度過不愉快的週末，一邊偷偷想念對方。他們之所以能夠找到妥協的解決辦法，都是因為兩人願意好好討論，注意對方的需求。

有效溝通感情和需求：拜訪親戚

湯姆實在太忙碌了，週末的時候，瑞貝卡幾乎見不到他。每到星期六，瑞貝卡會拜訪住在附近的姊姊，湯姆通常不會加入，他喜歡待在家裡，放鬆一下。瑞貝卡通常不會覺得很困擾，但她這禮拜過得特別累，湯姆又幾乎都都不見人影，所以這次瑞貝卡堅持湯姆要一起拜訪姊姊。湯姆已經累壞了，堅決表示不去，瑞貝卡不肯接受，於是湯姆更固執。最後，瑞貝卡罵他太自私，湯姆不發一語地坐在電視前，瑞貝卡自己去拜訪姊姊。

瑞貝卡的行為是典型的焦慮型依附風格，湯姆這週工作比平常更忙，觸動了瑞貝卡的依附系統，覺得必須重新建立聯繫，她需要湯姆的陪伴，需要湯姆展現在乎和愛意。然而，瑞貝卡沒坦白說出她真正在意的事情，反而採取反抗行為，指控湯姆自私，堅持要他一起去姊姊家。結果，湯姆因為瑞貝卡突如其來的荒唐行為感到困惑，畢竟他們早就達成他不需要跟著去的共識。

如果瑞貝卡說：「我知道你一點都不想去，但是如果你這次跟我一起去，我會非常開心。我整週幾乎都沒看到你，我不想再錯過相處的時光。」那麼，今天的狀況絕對會不一樣。

有效傳達情感需求，甚至比等待伴侶奇蹟似地讀懂你的心思更好。這不僅表示你是採取主動的行為，向伴侶表達心聲，也為深度情感交流開了一扇窗。就算湯姆依然決定不去，如果他理解瑞貝卡的感受，一定會找其他方式安撫瑞貝卡，例如：「要是妳非要我去，我會去，但我想要在家放鬆。不如我們今天晚上出去，就我們兩個，這樣妳會不會覺得好一點？妳不是真的希望我跟去找妳姊姊吧？妳們聊天的時候，我也只能在旁邊當電燈泡。」

避免衝突——基礎依附生物學

在衝突時，重點不見得在於誰對誰做了什麼、雙方該怎麼妥協，有時甚至無關於溝通有不有效。在某些情況，了解依附理論的基礎生物學，就能在衝突發生之前加以避免。近年來頗受重視的催產素，是一種賀爾蒙和神經胜肽，在依附過程中扮演許多重要角色：不僅在女性生產時大量分泌，增強依賴感，也能提高信任和合作意願，是促成社會凝聚的賀爾蒙。在性高潮或擁抱的時候，腦內的催產素都會大量增加，這也是為什麼催產素又被稱作「擁抱賀爾蒙」。

催產素為什麼和減少衝突有關呢？有時，我們和伴侶相處的寶貴時光較少，尤其是有其他要緊事必須處理的時候。神經科學研究指出，我們應該要改變事情的優先順序，因為放棄親密的相處時間，等於是錯過大幅提高催產素的機會，我們會變得比較不友善，也容易引發衝突。

所以，當你再度為了工作放棄與伴侶的週日擁抱時光，建議你三思而後行。畢竟這個微小的動作，或許能讓你在接下來幾天避免衝突。

為什麼非安全型的人從不面對衝突

焦慮型和逃避型的人會有一些思考模式，讓他們難以採取安全型的衝突解決原則。對於焦慮型人士來說，衝突會讓他們擔心伴侶能否滿足他們的需求，或是觸發他們對於遭拒絕和拋棄的恐懼。一旦衝突升溫，他們腦海中會湧入無數負面想法，接著採取反抗行為，引起伴侶的注意，激烈地指控對方、大哭大鬧、和對方冷戰。因為害怕對方忽略他們的需求，他們認為必須做出很強烈的事情，對方才會聽進自己的需求。可是，雖然他們的反應非常戲劇化，卻毫無效果。

逃避型依附人士也會害怕當自己需要時，伴侶可能不會陪在身邊。不過，他們對於這些憂慮，會採用完全相反的作法，抑制情感、防衛性地保持獨立自主，來壓抑自己對親密感的需求。衝突的原因越是私密，逃避型人士就越想遠離衝突，採取疏離戰術（例如找伴侶做錯的地方），以沖淡雙方的親密感。

蓋瑞・克里希、凱西・克爾蕭（Kathy Kershaw）和艾達・波斯頓（Ada Boston）在另一個研究中發現，相較於安全型人士，焦慮型和逃避型較有可能退縮或讓衝突升溫、言行較具攻擊性，採取正向解決方法的次數也較少。這樣的結果或許是因為，這兩種類型的人處理衝突的態度十分相似，他們都害怕伴侶無法陪在身邊，也無法有效傳達需求。

保羅和杰姬的孩子問題

杰姬和保羅約會一年多了，幾乎每天晚上都會見面。保羅有三個孩子，但杰姬從未與他們謀面，杰姬的親朋好友都非常擔心，不知道這段關係究竟會不會開花結果。

杰姬試著談這件事，不過保羅覺得時機未到，因為孩子的生活穩定才是首要之務。保羅和孩子相處的週末，杰姬都聯絡不到保羅，但她覺得如果再次提起這個話題，保羅會受不了。因此，每當保羅向杰姬表達愛意，或是說要共築愛巢之類的甜言蜜語，杰姬都不提孩子的事，也沒有回應保羅的愛。杰姬覺得，如果保羅真的有意拉近兩人間的距離，就會願意讓她參與孩子的生活。

有一天，杰姬的父母和他們一起吃飯，保羅在席間一直提到孩子，說孩子真的很棒。吃完點心，杰姬的爸爸邀請保羅一同散步，他告訴保羅，他的孩子聽起來真的很懂事，希望杰姬可以早日和他們見面，因為杰姬的父母都非常喜歡保羅，想早點看到他們修成正果。保羅要杰姬的爸爸不用擔心，因為他對這段感情非常認真。後來，兩人都沒和杰姬提起這段談話。

接下來幾週，保羅異常安靜，每次都只給出「好」、「不好」、「不知道」這種簡短的回答。杰姬一頭霧水，最後，她問保羅是不是有什麼心事。保羅這時大發脾氣，說杰姬的爸爸抱怨他一直提孩子，又說每次他表達愛意，杰姬都沒有任何反應。杰姬反駁，那是因為保羅從來不讓她參與跟孩子有關的事，她也很難徹底敞開心胸。保羅沒有繼續討論，反而起身打包行李，說需要「個人空間」，之後揚長而去，過了好幾個禮拜才回來。但是，雙方依舊不願意討論孩子的話題，一切又回復原狀。

他們如同典型的非安全型戀人，打破了許多解決衝突的安全型原則。杰姬和保羅都沒做到有效傳達需求，還逃避處理眼前的問題：介紹孩子給杰姬認識，只不過雙方的原因不同。保羅的立場很堅定，除非這段感情已經開花結果，否則他不會介紹對方給孩子認識，但是杰姬從未表達過愛意。然而，保羅卻沒想過要詢問杰姬，他每隔一週就要陪孩子，是否會造成杰姬的困擾。雖然保羅口口聲聲說愛杰姬，卻沒有考量杰姬對孩子的感受（這是非常典型的逃避型態度）。保羅也以為，既然杰姬不常提到孩子的事，就代表她並不在意。

相反地，杰姬不提這件事，是因為她擔心危及兩人的感情，她害怕保羅覺得她沒那麼重要，不需要大費周章地介紹給孩子認識。

保羅沒告訴杰姬那段飯後對話，也違反了安全型原則。更糟的是，當兩人終於攤牌談這件事，保羅非但沒有敞開心胸，反而更加疏離。保羅的情緒累積太久，杰姬一問他，他便迅速潰堤，唯一能做的反應就是攻擊杰姬。杰姬也是非安全型的人，結果無法扭轉局勢，不但沒有安撫保羅，反而加以反擊。由於她是焦慮型，她誤以為保羅的言詞是在拒絕她，於是採取防衛。很可惜的是，兩人都無法跳脫自己受傷的情緒，進一步理解對方或看清整個狀況。

大體而言，遇到敏感話題（比如是否與伴侶的孩子見面），應該好好攤開來討論。即便對方沒有提到，你也要假設這件事非常重要。你們未必能夠立刻找到解決辦法，但是，至少要表示你願意敞開心胸，傾聽對方的意見，如此一來，兩人都不會累積負面情緒，從而避免情緒爆發。當然，如果你願意討論，而不是刻意忽略這個問題，找到解決辦法的機率就會提升。

如何運用安全型原則

許多非安全型的人內心都會有一些假設，對解決衝突造成干擾。當你只關心自身的需求和受傷的情緒，更有可能造成許多問題。你會害怕對方不如你那麼投入感情，或者憂心對方不想太過親密，這些恐懼都是可以理解的，但是在衝突場合，這些先入為主的想法十分危險。遇到衝突狀況，試著記住以下六點：

♥單一的衝突事件，不會破壞整段感情。

♥表達你的恐懼！千萬不要讓恐懼主導自己的行為。如果你害怕被拒絕，就這樣告訴對方吧。

♥不要假設伴侶的壞心情是因為你，其實往往跟你沒有關係。

♥要相信伴侶願意關心你，願意回應你。不要懷疑，表達自己的需求就對了。

♥不要認為伴侶應該要知道你在想什麼。如果你沒把想法告訴對方，他／她當然不會知道！

♥不要猜測對方的意思。如果有任何懷疑，直接開口問。

給你一個忠告：衝突發生的當下，最有效的方式，就是做最好的打算。非安全型的人總是做最壞的打算，但事實上，他們的行為往往會成為自證預言。如果你認為伴侶會傷害你或拒絕你，就會自然而然地採取反抗行為，因而進入負面的惡性循環。雖然你可能必須努力說服自己相信上述六點「正向真理」，剛開始還會半信半疑，但是，這麼做絕對值得。在多數情況中，以上行動可以讓對話往正確的方向前進。

總而言之，下列是衝突時必須避免的行為。

必須避免的非安全型衝突策略

1. 偏離真正的問題。
2. 無效傳達個人感情和需求。
3. 訴諸個人攻擊和破壞式行為。
4. 針鋒相對，面對伴侶的負面情緒，也以負面情緒回應。
5. 退縮、疏離。
6. 忽略對方的感受。

保羅和杰姬的衝突其實屬於親密型衝突，而不是日常生活衝突。他們的案例顯示，光是在一次衝突中，也很可能一口氣違反上述幾乎所有「該避免的行為」。儘管兩人深愛彼此，但是兩人首先犯了第一條：偏離真正的問題（「你爸不喜歡我談孩子的事」），以及第二條：未能有效傳達個人感情和需求，他們有些話從來沒說清楚，特別是杰姬。杰姬也犯了第五條：退縮、疏離，不回應保羅希望增加親密感的努力。冷戰一個禮拜後（又犯了第五條），兩人終於攤開來談，卻又犯了第四條：針鋒相對。顯然，他們都只關心自己的需求與考量，還犯了第六條：忽略對方的感受，尤其是在衝突發生的當下。

小練習：辨認衝突策略

辨認、改變衝突策略的首要之務，就是學習辨認何謂有效衝突策略，何謂無效衝突策略。請閱讀下列狀況，辨認案例中的情侶是採取安全型還是非安全型策略，如果你認為他們採取非安全型策略，請列出安全型策略。

馬可士在跟達莉亞開始交往的半年前，買了一張單身聯誼遊輪船票。兩人交往後，達莉亞不希望他單獨去，但是達莉亞又不喜歡搭遊輪。達莉亞提起這個問題的時候，馬可士回答：「所以現在不管我做什麼事，妳都要跟就對了？妳又不喜歡遊輪，而且這跟妳根本沒關係吧？我早就付錢了，難道妳要我白白浪費那麼多錢嗎？」

馬可士的反應屬於：　□安全型策略　　□非安全型策略

馬可士採取的非安全型策略：

馬可士可以採取的安全型策略：

答案：非安全型策略。馬可士用了許多非安全型策略。他以偏概全地攻擊達莉亞：「難道妳要我白白浪費這麼多錢嗎？」還說：「所以現在不管我做什麼事，妳都要跟就對了？」把達莉亞講得好像很黏人。其實，達莉亞在意的是馬可士是否能夠忠誠，馬可士卻偏離眼前的問題，把重點放在金錢和達莉亞的情感需求。

馬可士可以採取的安全型策略：馬可士最好專注在眼前的問題。達莉亞的擔憂不無道理，如果馬可士不加以處理，這個問題永遠無法真正解決。

延續上一個情境，達莉亞直接舉白旗投降，向馬可士道歉，畢竟馬可士的行程是在兩人認識前就規劃好的。達莉亞很難過，因為她覺得自己好像很無理、要求太多，又太依賴馬可士。

達莉亞的反應屬於：　□安全型策略　　□非安全型策略

達莉亞採取的非安全型策略：

達莉亞可以採取的安全型策略：

答案：非安全型策略。達莉亞是怎麼了？兩人都已經交往半年，馬可士還要去參加單身遊輪之旅，達莉亞絕對有權利表達不滿。可是，她非但沒有說出內心的擔憂，還就此打退堂鼓。她害怕說出真心話會讓這段感情走到盡頭，所以乾脆道歉，表示她根本不該提出這個問題。這樣一來，形同她默認自己的感覺和擔憂都無關緊要。

達莉亞可以採取的安全型策略：她應該有效傳達自己的需求，表達內心的擔憂，告訴馬可士，這趟遊輪之旅讓她對這段感情的未來充滿不安。這時候，馬可士對於有效溝通的反應就非常重要了，如果馬可士繼續貶低她的感覺或人格，那麼她必須捫心自問，是否真的想要繼續和這樣的人交往。

露絲在車上對約翰說，她非常擔心女兒的數學成績。約翰一直點頭，但是話說得不多。過了幾分鐘，露絲突然爆發：「為什麼這好像變成我一個人的問題？她也是你女兒，但是你看起來一點都不在乎，你難道不擔心嗎？」這突如其來的指控，讓約翰非常震驚，過了一分鐘，他回答：「我很累，光是開車就耗掉所有的力氣了。我當然也很擔心她，但是我現在連專心開車都有點難。」

約翰的反應屬於：　☐安全型策略　☐非安全型策略

約翰採取的非安全型策略：

約翰可以採取的安全型策略：

答案：安全型策略。安全型戀人當然不是聖人，他們有時也會累，有時也會失去耐心，當然也像一般人一樣會分心。關鍵在於他們處理衝突的態度，約翰遭到露絲指控的時候，並沒有反擊，也沒有做出任何防衛性的舉動，他只注意眼前的問題，直接回答：「我很累……」並且展現他對老婆的關心，肯定她的擔心是合理的：「我當然也很擔心她。」

約翰可以採取的安全型策略：約翰做得非常好，不僅安撫了老婆，還避免讓衝突升溫。如果他憤怒地說：「天啊！妳看不出來我很累嗎？妳是想害我們出車禍嗎？」後果絕對不堪設想。幸好他知道，老婆之所以會這麼說，是因為她心情沮喪，而不是要批評他。約翰處理了真正的問題，安撫了老婆，保證他也很關心女兒。

史蒂夫和蜜亞剛在一起幾個禮拜，某個禮拜五中午，史蒂夫打電話給蜜亞，問她晚上要不要和朋友一起去酒吧。蜜亞覺得很沮喪，因為每次都是和史蒂夫的朋友一起出去，但是蜜亞比較想要單獨約會。於是蜜亞半開玩笑地說：「你真的很怕跟我單獨相處嗎？我不會咬人啊，不用那麼怕我。」史蒂夫沉默後說：「要去的話再打給我吧。」接著就掛上電話。

史蒂夫的反應屬於：　□安全型策略　　　　□非安全型策略

史蒂夫採取的非安全型策略：

史蒂夫可以採取的安全型策略：

蜜亞的反應屬於：　□安全型策略　　　　□非安全型策略

蜜亞採取的非安全型策略：

蜜亞可以採取的安全型策略：

答案：史蒂夫採取非安全型策略。史蒂夫逃避衝突，避免親密的對話，非但沒有試著釐清蜜亞在意什麼，反而逃之夭夭。

史蒂夫可以採取的安全型策略：史蒂夫似乎一開始就沒有想認真對待這段感情，否則就不會每次都帶一大群朋友。如果史蒂夫想繼續發展下去，應該要專注於眼前的問題，直接詢問蜜亞為什麼這麼說。蜜亞的話聽起來確實有點嘲諷，但要是史蒂夫夠聰明也夠有安全感的話，就不會覺得蜜亞是在針對他，反而會試著了解蜜亞的想法，並且善用這次的狀況，讓兩人的感情更進一步。

蜜亞的反應：也是非安全型策略。她試著有效傳達需求，卻造成反效果，聽起倒像是在指控史蒂夫，最後只能自己猜測：他是不是生氣了？史蒂夫會覺得我是在批評他嗎？

蜜亞可以採取的安全型策略：蜜亞應該要有效傳達她的需求，比如這樣告訴史蒂夫，「如果可以的話，我不想和一群人見面，因為我很喜歡跟你單獨相處，我們可不可以規劃單獨行程？」如此一來，蜜亞就能從史蒂夫的反應判斷，他是否能夠聆聽並滿足伴侶的需求。

艾瑪和陶德待在露天咖啡座，她發現男友一直在打量路過的女人。她說：「你每次都這樣真的很討厭，我覺得很沒面子。」

「什麼意思？」他無辜地問。

「你明明知道我的意思，你一直在看那些女生。」

「這太荒謬了吧！不然妳要我看哪？就算我真的在看，反正天底下的男人都愛看漂亮女生啊，這沒什麼吧。」

陶德的反應屬於：□安全型策略　□非安全型策略

陶德採取的非安全型策略：

陶德可以採取的安全型策略：

艾瑪的反應屬於：□安全型策略　□非安全型策略

艾瑪採取的非安全型策略：

艾瑪可以採取的安全型策略：

答案：陶德採取的是非安全型策略。陶德忽略艾瑪真正的擔憂，他打量別的女生時，艾瑪覺得自己缺乏魅力又不受重視。陶德逃避話題，不願多談，剛開始假裝「不知道」艾瑪指的是什麼，之後又說看女生是男人的天性，講得好像艾瑪的擔憂微不足道。這簡直是無效溝通的最壞示範，完全無益於解決問題。以後，艾瑪還是會因為陶德亂看女生而沮喪，陶德則一樣覺得這麼做完全沒有問題。

陶德可以採取的安全型策略：對艾瑪說，他知道這樣亂看女生讓她不開心，表示他關心艾瑪的心情。或者，他也可以試著了解艾瑪為什麼不安，告訴艾瑪說他覺得她很美麗（專注在眼前的問題）。陶德可以請艾瑪在他又亂看女生的時候提醒他，幫助他把這個習慣戒掉：「真的很抱歉，我會這樣是因為習慣了，但是我現在知道，這樣做會讓妳覺得不開心、不被尊重。畢竟，其他男人打量妳的時候，就算妳沒注意到，我也會不開心。所以如果下次我又看女生，請妳提醒我一下。」

艾瑪的反應：安全型策略。艾瑪有效地傳達需求，用直接、非指控的表達方式（至少在這個狀況下，她沒有過度指責陶德），告訴陶德她的感受。

艾瑪可以採取的安全型策略：她做得非常好。

丹和夏倫很久沒獨處了，這次兩人出去約會，請丹的姊姊幫忙照顧孩子。回來的時候，夏倫直接上床睡覺，丹則是留下來和姐姐聊天。丹回房間時，生氣地說：「我姊願意顧小孩真是幫了我們大忙，妳好歹也跟她打個招呼吧！」夏倫說：「我真的沒跟她打招呼？我一定是累到放空了，不是故意不打招呼的，真是抱歉。」

夏倫的反應屬於：　□安全型策略　□非安全型策略

夏倫採取的非安全型策略：

夏倫可以採取的安全型策略：

答案：安全型策略。夏倫避免了許多非安全型的行為，沒有以偏概全，也沒反擊或做出防衛行為，拒絕針鋒相對，而是專注在眼前的問題，只針對這個問題給予回應。這不代表丹的怒氣會就此消失，事實上，丹很可能還是十分不滿，但至少夏倫讓丹氣消了一點，沒有讓衝突升溫。夏倫讓我們知道，安全型策略不是什麼高深莫測的學問，不需要高超的口條或驚人的心理學技巧，有時只要一個真誠的道歉就好。

後記

本書最重要的概念是：感情不該只是聽天由命。愛情是人類生活中最有意義的情感關係之一，也是生命中非常重要的事。事實上，研究發現，在參與實驗的三百名大學生中，有百分之七十三的人願意為了愛情犧牲生活中的目標。儘管親密關係對我們來說如此重要，大多數人依然不太了解感情背後的科學，還時常受到錯誤觀念所誤導。

即便是身為本書作者的我們，對成人依附風格已經有了相當深入的研究，但在聽到某些愛情故事或是看浪漫電影的時候，還是時常掉入同樣的思考邏輯。最近我們看了一部浪漫電影，就是很好的例子。情節是這樣的：一名年輕人無可救藥地愛上美麗聰明的女子，沒多久就被愛沖昏頭，只想與佳人共度下半生。女主角一開始就表明，她只想無拘無束地過日子。然而在整部電影裡，她屢屢釋放矛盾的訊號，和男主角調情，讓他誤以為這段感情或許會開花結果。不同於一般好萊塢電影的是，美麗女子最終還是傷透了男主角的心，男主角發現，他愛的女人和她的夢中情人結婚，過著幸福快樂的日子（至少，從男主角和我們的觀點看到的是這麼一回事，畢竟電影也只演到這裡）。

電影一開始，我們和所有觀眾立刻拜倒在女主角的石榴裙下，因為她個性堅強、熱情又獨立，儼然是個無拘無束的人，而且非常坦白，事先表明沒有要和男主角發展認真的感情關係，所以到最後，兩個人沒在一起當然不能怪她，何況男主角顯然不是「對的人」（畢竟，結局是她找到夢中情人）。看電影的時候，我們深受這段戀情吸引，盼望女主角對男主角敞開心房，有情人終成眷屬。雖然，電影開頭就告訴我們這不是愛情故事，我們卻始終希望兩人能白頭偕老。

可是，仔細想想，我們就發現自己重蹈覆轍，落入情感謬誤。即使我們很熟悉感情行為背後的科學，但連我們都不免故態復萌，容許根深蒂固的錯誤觀念再度影響我們的思維。

第一個錯誤觀念是：每個人需要的親密程度十分相似。我們往往深信，每個人都會墜入愛河（這個部分確實沒錯），一旦戀愛後，整個人都會因此改變（但這部分並不是真的）。我們以為，不論一個人在戀愛前是什麼樣子，只要找到「對的人」，就會立刻變得忠貞不二、溫柔可愛、十分支持伴侶，而且完全沒有感情問題。「每個人對親密程度的需求完全相同」這個概念確實非常吸引人，但並不是事實。每當在感情中，有一方需要親密感，另一方卻需要距離和獨立時，許多令人不快的事便隨之而來。要是你了解親密需求因人而異，倘若你還是單身，就可以在約會的時候，找到與你親密需求相符的對象；如果你已經有伴侶，就能夠理解對方的需求有時候與你不同，這就是朝著安全型前進的第一步。

第二個錯誤觀念是：婚姻就是談戀愛的最終目的。浪漫愛情故事通常以步入婚姻作為美滿結局，我們也迫切相信，婚姻是兩人愛情昇華的最佳證據，決定結婚代表兩人已經迎接真正的親密感，成為情緒共同體。我們不願承認，許多人雖然已經步入婚姻，卻完全沒考慮到這些事情，遑論要真正做到了。就像我們對電影情節的期待一樣，我們想要相信，所有人都會因結婚而改變，給予對方貴族般的待遇（尤其是在兩人深陷愛河的時候）。

然而，本書列舉許多不同例子，顯示就算兩人相愛，也可能因為不同的依附風格，導致婚姻失和。如果這是你現在這段感情的寫照，常常覺得感情缺了什麼，或是不太滿意這段戀情，請不要有任何罪惡感，畢竟你的許多基本需求都沒有得到滿足，光憑愛很難經營一段戀情。讀了這本書，了解自己和伴侶的依附風格，你就能用全新的角度處理感情問題。

第三個難以擺脫的錯誤觀念是：我們必須對自己的情緒需求負起全責，情緒需求不是伴侶的責任。如果在交往初期，對方宣讀「米蘭達宣言」，告知我們「擁有的權利」，藉此表示自己尚未準備好徹底投入感情，這樣一來，他就不必對我們負責；或是在穩定的關係中，伴侶自己做決定，完全不將我們的需求考慮在內，通常我們都很快就接受這些不合理的要求。這個邏輯廣為大眾接受，朋友可能會說：「他早就說過不想要認真啦。」或是：「他早就說過他很在意這件事，你只能怪你自己。」可是，我們深陷愛河時，一心只想維繫這段感情，就會忽略伴侶傳遞的矛盾訊息。我們不僅欣然接受對方的態度，也愛到盲目，完全沒想到如此忽略我們情緒的人，不可能是理想的伴侶。我們必須時時提醒自己：在一段真正的感情關係裡，雙方都必須對伴侶的情緒負責。

一旦放下錯誤的想法，這部電影與生命中的許多情況，都會瞬間豁然開朗。電影情節突然變得可以預測，喪失了神秘色彩，它不是一個單純的男追女愛情故事，而是逃避型戀人遇上焦慮型戀人的故事，男孩需要親密感，女主角卻只想逃避。電影開頭早已顯露不祥之兆，可惜男主角沒有看出來。即便男主角的夢中情人與另一個人結婚，仍然不改她是逃避型戀人的事實，也不代表她（或她的老公）會在婚姻中一直幸福到最後。她很可能不改本色，在婚姻中疏遠丈夫。也說不定，男主角會被她極度美化，變成美好的舊愛。

我們從電影中學到，即便這些錯誤觀念一點幫助也沒有，要掃除這些根深蒂固的觀念依舊十分不易。但是，擺脫錯誤觀念是必要的，一味堅持只會帶來毀滅性的後果，使我們忽略最基本的需求，對自尊和快樂做出妥協，一點也不忠於自我。

我們深信，每個人都值得安全型關係的美好。伴侶是我們的安全基地、情感支柱，我們從伴侶身上，獲得面對世界、揮灑自我和發揮潛力的勇氣；他或她的存在，是為了讓我們越變越好，反之亦然。

不要忽視這些事實

♥ 你的依附需求是合理的。

♥ 你不需要為了依賴最親近的人而覺得有罪惡感，這是人類基因註定的。

♥ 從依附理論的角度來看，一段關係應該要讓你更有自信、內心平和。如果沒有這種感覺，該醒醒了！

♥ 最重要的是忠於自我：不要跟現任伴侶或其他人玩小手段，這只會讓你離真正的快樂越來越遠。

本書歸納了二十多年以來的研究，精煉出感情關係中的實用學問。希望這本書能夠給你幫助，讓你不僅在感情中找到屬於你的幸福，在生活中其他層面也事事順遂。按照書中列出的依附風格原則，你更有可能找到滿意的感情關係，也更可能長久經營一段感情，千萬不要把生命中如此重要的事情交給命運決定。

依附

辨識出自己的依附風格，了解自己需要的是什麼，與他人建立更美好的關係

Attached:

The New Science of Adult Attachment and How It Can Help You Find—and Keep—Love

作者　阿米爾 · 樂維（Amir Levine, M.D.）
　　　瑞秋 · 赫勒（Rachel S.F. Heller, M.A.）
譯者　蔡欣芝
總編輯　汪若蘭
執行編輯　陳思穎
行銷企畫　許凱鈞
封面設計　謝佳穎
版面構成　賴姵伶
發行人　王榮文
出版發行　遠流出版事業股份有限公司
地址　臺北市南昌路 2 段 81 號 6 樓
客服電話　02-2392-6899
傳真　02-2392-6658
郵撥　0189456-1
著作權顧問　蕭雄淋律師
2018 年 8 月 30 日 初版一刷
原價新台幣 340 元

ISBN　978-957-32-8351-5
遠流博識網　http://www.ylib.com
E-mail: ylib@ylib.com
（如有缺頁或破損，請寄回更換）

國家圖書館出版品預行編目 (CIP) 資料

依附：辨識出自己的依附風格，了解自己需要的是什麼，與他人建立更美好的關係 / 阿米爾 . 樂維 (Amir Levine), 瑞秋 . 赫勒 (Rachel S.F. Heller) 作 ; 蔡欣芝譯 . -- 初版 . -- 臺北市 : 遠流 , 2018.08
面； 公分
譯自 : Attached : the new science of adult attachment and how it can help you find- and keep -love
ISBN 978-957-32-8351-5(平裝)
1. 依附行為 2. 人際關係
177.3　　107013460